Impressum
Verlag: BABADADA GmbH, Nedderfeld 112 , 22529 Hamburg
Geschäftsführer / Verlagsleitung: Harald Hof
Druck: Books on Demand GmbH, In de Tarpen 42, 22848 Norderstedt

Imprint
Publisher: BABADADA GmbH, Nedderfeld 112 , 22529 Hamburg, Germany
Managing Director / Publishing direction: Harald Hof
Print: Books on Demand GmbH, In de Tarpen 42, 22848 Norderstedt, Germany

dibistan
baruumsaa

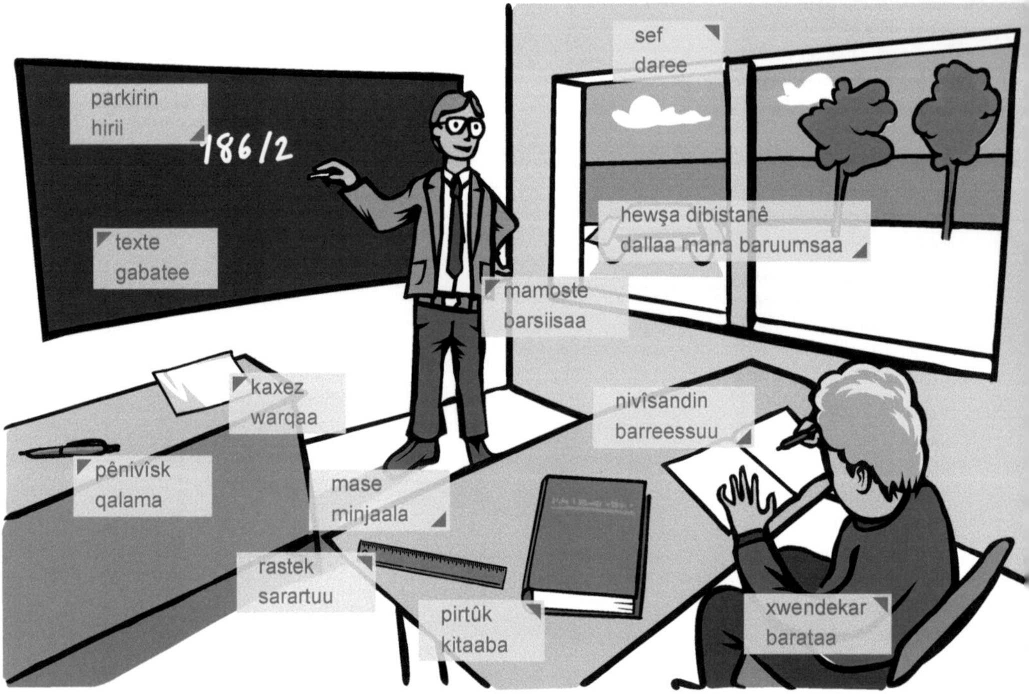
sef
daree
parkirin
hirii
186/2
texte
gabatee
hewşa dibistanê
dallaa mana baruumsaa
mamoste
barsiisaa
kaxez
warqaa
nivîsandin
barreessuu
pênivîsk
qalama
mase
minjaala
rastek
sarartuu
pirtûk
kitaaba
xwendekar
barataa

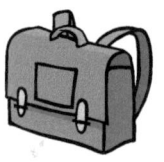

çewal

korojoo baattamu

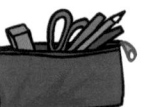

qûtî nivîstok

teessoo irsaasii

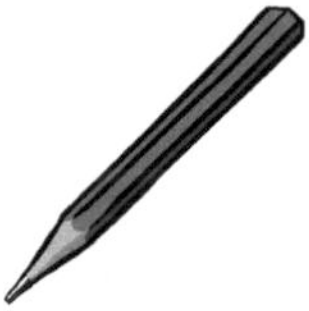

qelemrisas

irsaasii

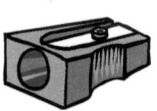

nivîstok tûjkir

qartuu irsaasii

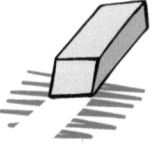

jêbir

haqxuu

nivîska nîgarê

paadii fakkii

nîgar
....
fakkii

firçeya rengê
....
burusha halluu

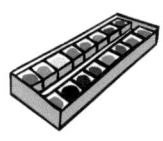

qûtî reng
....
saanduqa halluu

meqes
....
maqasa

lezaq
....
maxxansituu

pirtûka fêrbûn
....
daftara

wezîfa malê
....
hojii manaa

hejmar
....
lakkoofsa

zêdekirin
....
ida'ii

derxistin
....
hir;isi

zêdekirin
....
bay;isi

hesibandin
....
heerregii

tîp
....
xalayaa

alfabe
....
tarree qubee

peyv
....
jecha

nivîsê

kitaaba barataa

xwandin

dubbisuu

geç

biroonkii

ders

baruumsa

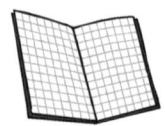

qeydkirin

galmeessuu

îmtîhan

qormaata

şehade

raga barreeffamaa

kinca dibistanê

uffata mana baruumsaa

perwerdehî

barnoota

zanistname

insaaykiloopeediyaa

zanîngeh

yuunivarstii

mîkroskûp

maaykiroos kooppii

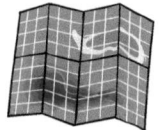

xerîte

kaartaa

sepeta kaxezê

qircaata gatoo

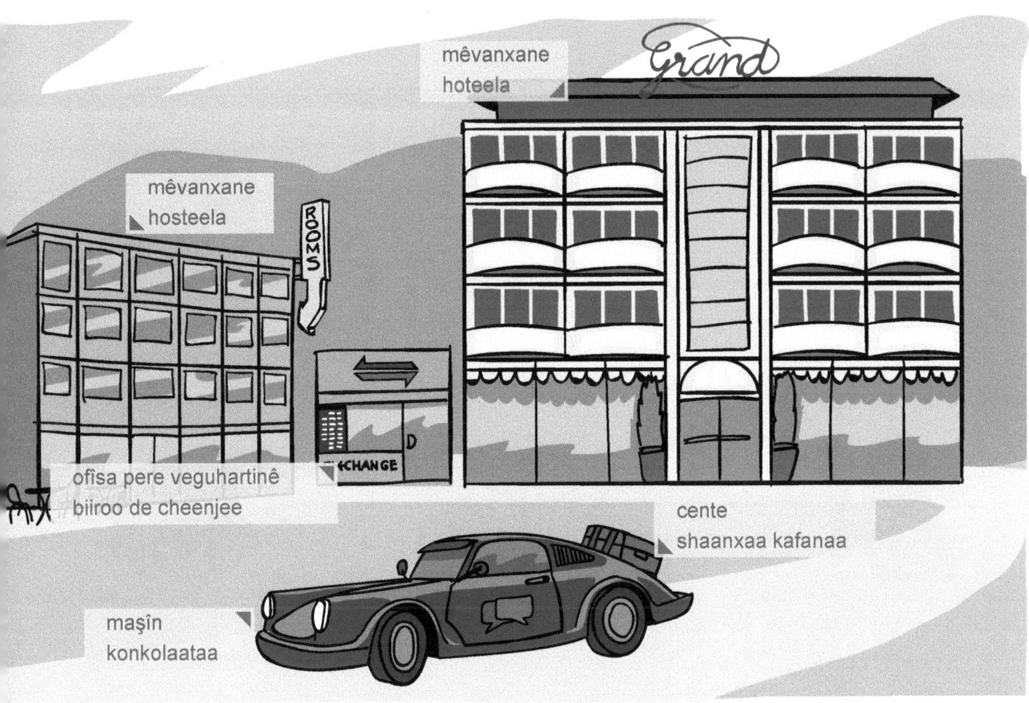

mêvanxane
hoteela
Grand
mêvanxane
hosteela
ROOMS
ofîsa pere veguhartinê
biiroo de cheenjee
EXCHANGE
cente
shaanxaa kafanaa
maşîn
konkolaataa

ziman
afaan

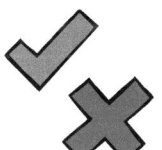

belê / na
eyyeen / mitii

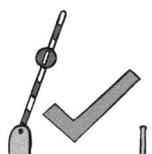

baş
haa ta'u

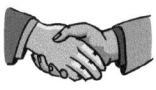

silav
heloo

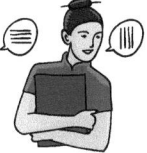

wergêra nivîskî
turjmaana

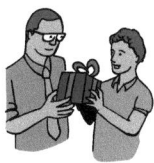

sipas
galatoomaa

bihayê … çi qase?

meeqa

ez fam nakim

naaf hingalle

pirsgirêk

rakkoo

êvarbaş!

akkam ooltan

beyanî baş!

akkam bultan?

şev baş!

halkan gaarii

xatirê te

nagaatti nagaatti

alî

kallattii

hûrmûr

ba'aa imalaa

çente

korojoo

çente pişt

ba'aa dugdaa

mêvan

keessummaas

ode

kutaa

came xew

korojoo hirriibaa

çadir

dukkaana

agagiyên gerokan

odeeffannoo turistii

rexê avê

qarqara haroo

kartê qerzê

kireedit kaardii

taştê

ciree

firavîn

laaqana

şîv

irbaata

kart

tikkeetii

asansor

liiftii

pûl

chaappaa

tixûb

daangaa

gumirk

barmaatilee

balyozxane

embaasii

vîza

viizaa

pasaport

paasspoortii

guhaztin
geejiba

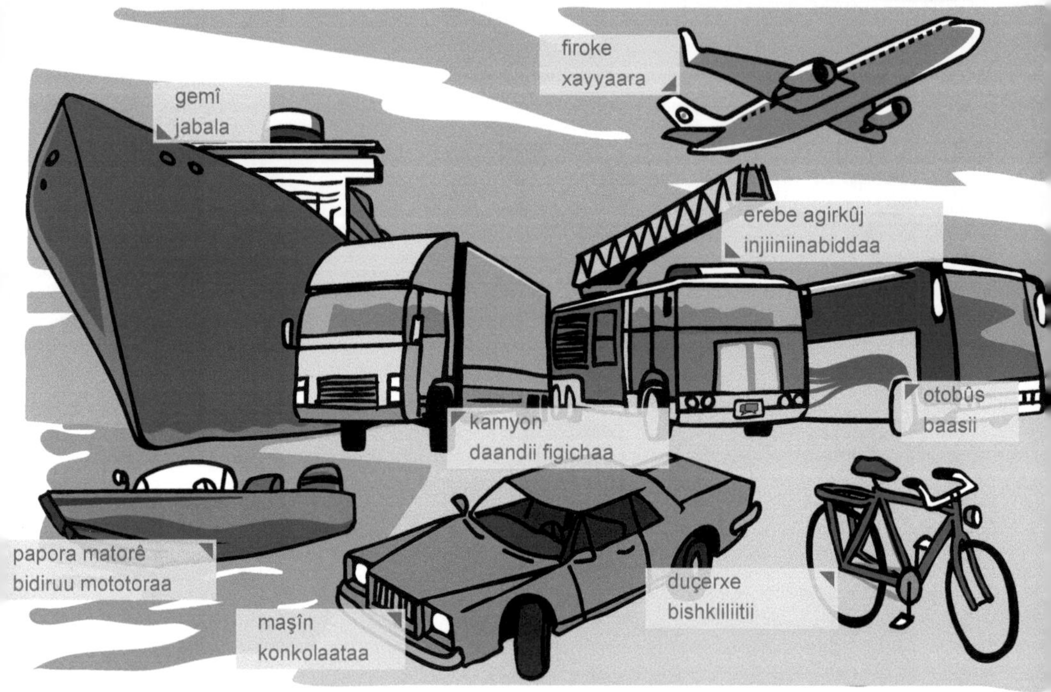
firoke
xayyaara
gemî
jabala
erebe agirkûj
injiiniinabiddaa
otobûs
baasii
kamyon
daandii figichaa
papora matorê
bidiruu mototoraa
duçerxe
bishkliliitii
maşîn
konkolaataa

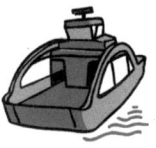

papor

bidiruu deeddebii

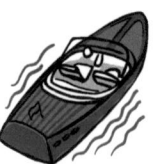

papor

bidiruu

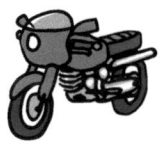

motorsîklêt

doqdoqqee

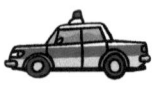

trimbêla polîsê

konkolaataa foolisaa

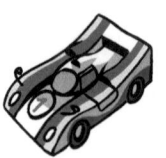

trimbêla pêşbaziyê

konkolaataa dorgommii

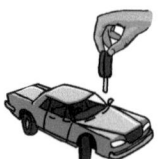

erebe kirêkirinê

konkolaataa kiraa

maşîn pervekirin

konkolataa waliin gahuu

kamyona kişandinê

marsaa boqqoonna

kamyona xwelî

daandii dhorkaa

motorsîklêt

motora

mazot

boba'aa

îstegeha benzînê

buufata boba'aa

tabloya tirafîkê

mallattoo tiraafikaa

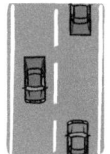

hatinûçûn

tiraafika

tirafîk

cuccufaa daandii
konkolaataa

cihê parkê

dhaabbii konkolaataa

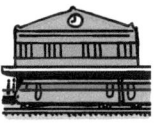

rawesteka trênê

buufata baburaa

rêç

konkolaataa guddaa

trên

baabura

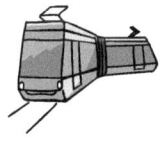

trênê kolanê

baabura eleektirikaa

erebe

gaarii fardaa

babirok

helikooftara

balafirgeh

buufata xayyaaraa

birc

qooxii

misafir

keessummaa

qûtî

konteenara

qûtî

kaartunii

girgirok

gaarii

selik

qirccaata

rabûn / nîştin

barrisuu / qubachuu

bajar

magaalaa gudaa

gund

araddaa

navenda bajarê

handhuura magaalaa

xanî

mana

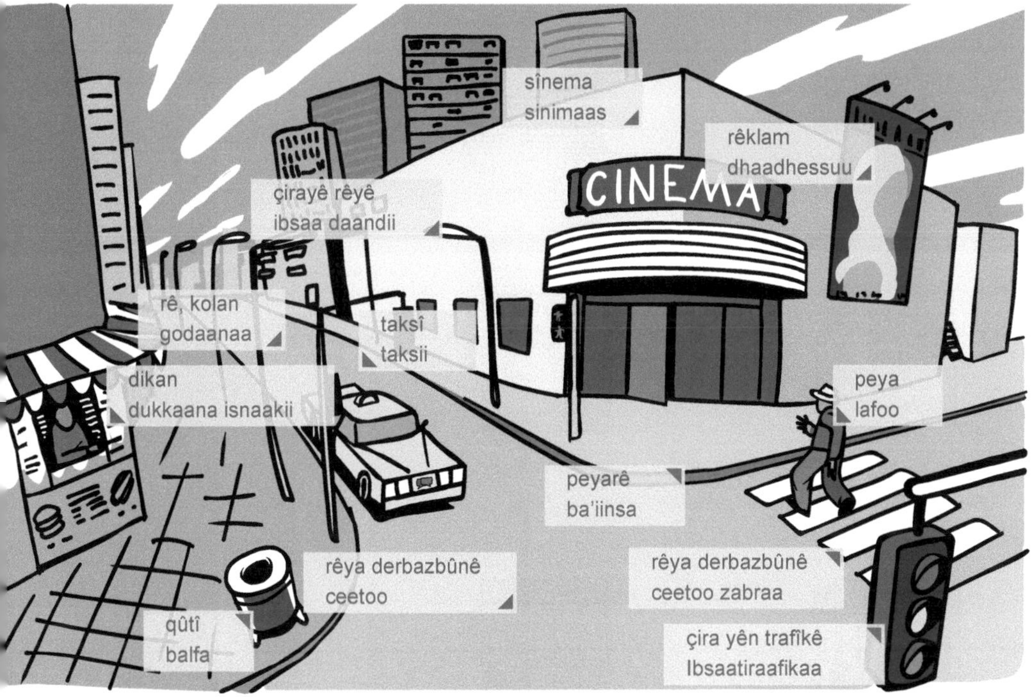

sînema
sinimaas
CINEMA
rêklam
dhaadhessuu
çirayê rêyê
ibsaa daandii
rê, kolan
godaanaa
taksî
taksii
dikan
dukkaana isnaakii
peya
lafoo
peyarê
ba'iinsa
rêya derbazbûnê
ceetoo
rêya derbazbûnê
ceetoo zabraa
qûtî
balfa
çira yên trafîkê
Ibsaatiraafikaa

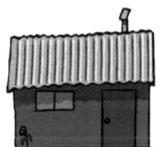

kox

godoo

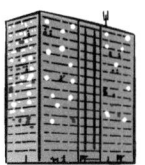

xanî

diriiraa

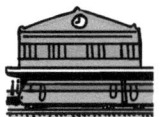

rawesteka trênê

buufata baburaa

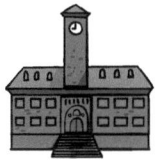

telara şarevanî

galma magaalaa

MUSEUM

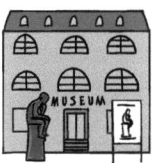

mûzexane

muuziyeemii

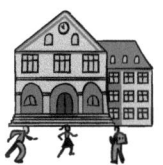

dibistan

baruumsaa

zanîngeh

yuunivarstii

bank

baankii

nexweşxane

hospitaala

mêvanxane

hoteela

dermanxane

mana qorichaa

ofîs

waajjira

kitêbfiroşî

dukkana kitaabaa

dikan

dukkaana

gulfiroş

gurgurtuu abaabo

bazar

suppar maarkeetii

bazar

gabaa

supermarket

kuusaa dame

masîfiroş

kiyyeessituu qurxxummii

navenda kirrîn

giddu gala gabaa

bender

buufata galaanaa

park
paarkii

sekû
tessoo dalgee

pir
riqica

derince
sibsaabii

jêr erdê
Lafa jala

tunnel
holqa

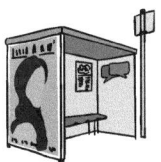

îstgeha otobûs
buufata konkolaataa

bar
baarii

xwaringeh
mana nyaataa

sindûqa postê
saanduqa poostaa

nîşanderka rêyê
mallattoodaandii

metra parkîngê
idoo dhaabbii konkolaataa

baxça heywanan
dallaa beeladaa

hewza melevanî
haroo daakkaa

mizgeft
masgiida

cotgeh
....
qonna

lewitandina derdor
....
faalama

goristan
....
iddoo awwaalchaa

kenîse
....
charchii

erdê leyistinê
....
dirree taphaa

perestgeh
....
siidaa

tebîet

teechuma lafaa

gela
baala

nîşanderka rê
maxxansa beeksiisaa

rê
karaa

mêrg
huruufa magariisa

kevir
dhakaa

dar
muka

gerok
nama lafoo deemu

çem
laga

giya
mrga

kulîlk
abaaboo

dol
....
sulula

gir
....
tabba

gol
....
hara

daristan
....
bosona

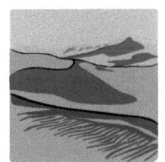

beyaban
....
gammoojjii oo;aa

volkan
....
dhooyinsalafaa

keleh
....
masaraa

keskesor
....
sabbata waaqqaa

kivark
....
jaarsa marqoo

darqesp
....
muka teemiraa

mixmixk
....
bookee busaa

mêş
....
balali'uu

mêrî
....
mixii

hing
....
kanniisa

pîrê
....
sarariitii

kêzik

boombii

beq

hurrii

sihor

shikookkoo

jîjok

xaddee

kerguh

beelada illeentii fakkaatu

pepûk

jajuu

çivîk

simbira

qû

daakkiyyee

berazê kovî

ifaannaa

pezkovî

godaa

pezkovî

godaa ameerikaatti argamu

bendav

riqicha

tûrbîna ba

tarbaayinii buubbee

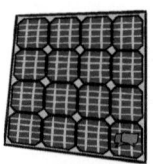

panela xorê

panaalii soolaarii

av û hewa

haala qilleensaa

xwaringeh
mana nyaataa

berkar
keessummeessaa
pêşek
meenuu
kursî
teessoo
şorbe
saamunaa
pîza
piizaa
çetel û çemçik
katlarii
sifre
uffata minjaalaa

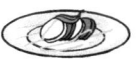

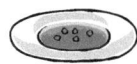

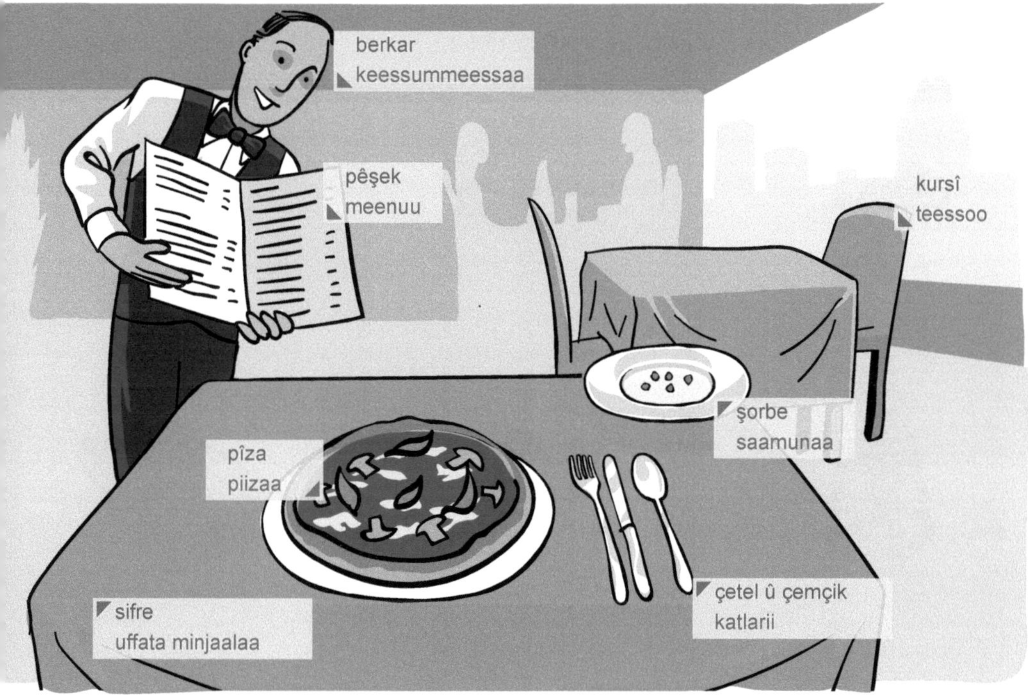

xwarina destpêk
....
calqabsiisaa

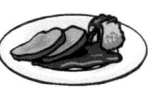

xwarina serekî
....
madda muummee

şêranî
....
deezaartii

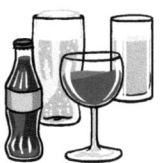

vexwarinan
....
dhugaatii

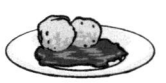

xwarin
....
nyaata

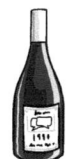

cam
....
qaruuraa

xwarina lez

nyaata qophaa'aa

xwarina rêyê

nyaata karaa irraa

çaydanik

markajii shaayii

qûtî şekirê

qodaa shukkaaraa

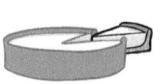

beş

uwwisa

mekîna çêkirinê espresso

maashina espereessoo

kursiya bilînd

teessoo ol ka'aa

hesab

nagahee

sênî

tirii

kêr

hlbee

çetel

shuukkaa

kevçî

fal'aana

kevçiya çay

fal'aana shaayii

pêşgir

uffrata minjaala nyaataa

qedeh

burcuqqoo

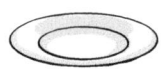

teyfik
diiriiraa

teyfika şorbe
teessoo saamunaa

piyale
teessoo siinii

çênc
sugoo

xwêdank
qodaa sooqiddaa

qûtî bîbar
daaktuu barbaree

sêk
hadhooftuu

rûn
zayita

biharat
qimamii

ketçap
kachappii

mustard
sanaafica

mayonêz
maaynoneezii

bazar

suppar maarkeetii

pêşkêşên taybet
kenaa addaa
mişterî
maamila
şîremenî
oomish aannanii
fêkî
fuduraa
erebe
baabura eelektirikaa
FOR

BUTCHERS

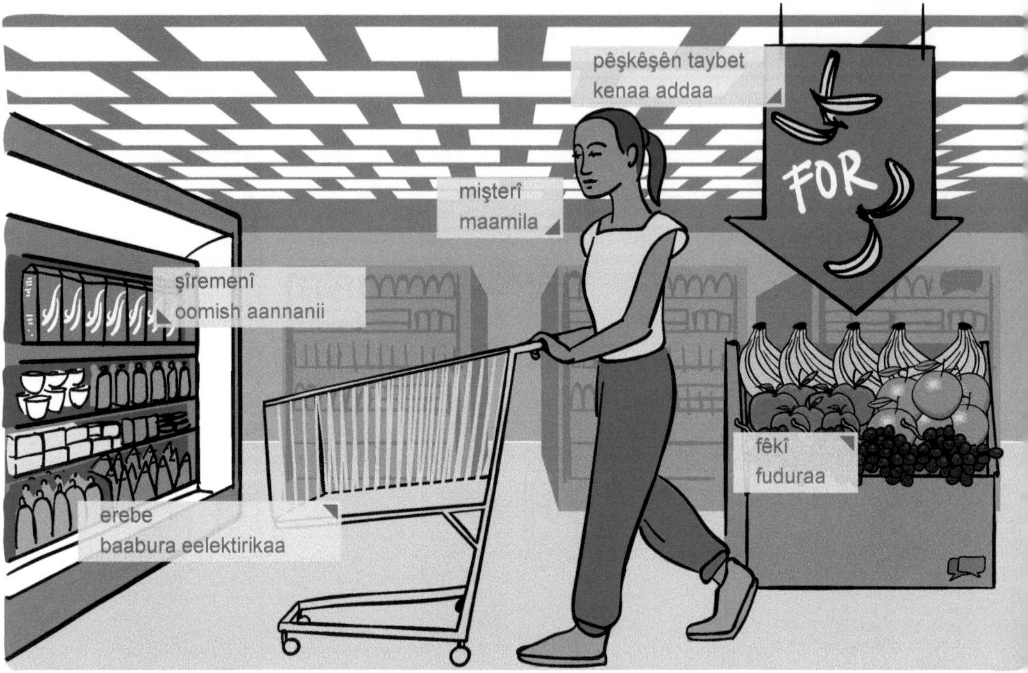

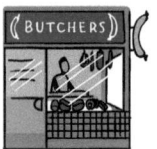

qesabî

mana foonii

BAKERY

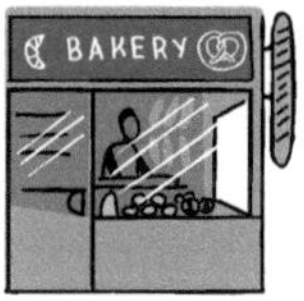

dikana nanpêj

tolchituu

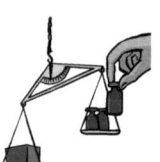

wezin kirin

ulfaatina safaruu

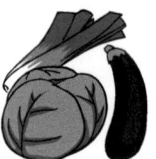

sebze

kuduraa

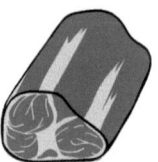

goşt

foon

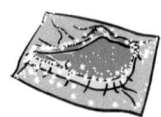

xwarinê cemedî

nyaataqorraa

goştê sar

foon qorraa

xwarina pîlê

nyaata samsmaa

xubarê paqijkirinê

oomoo

şirînî

mi'aawaa

berhemên navxweyî

oomisha meeshaa manaa

berhemên paqijkirinê

bu'aa qulqulleessuu

firoşyar

nama gurgurtaa

xeznok

hanga

diravgir

qarshi qabduu

lîsta kirrînê

taree gabaa

demên vekirî

sa'aatii baniinsaas

cizdan

krojoo qarshii kan dhiiraa

kartê qerzê

kireedit kaardii

çewal

korojoo

çente

korojoo pilaastikaa

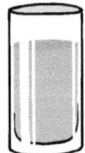

av

bishaan

şerbet

cuunfaa

şîr

aannani

komir

kookii

şerab

wayinii

bîra

biiraa

alkol

alkoolii

kakwo

kookaa

çay

shaayii

qehwe

buna

espresso

espereesso

kapoçîno

kaappuchuunoo

moz

muuzii

sêv

aappilii

pirteqalî

burtukaana

gundor

meeloonii

lîmon

loomii

gêzer

kaarotii

sîr

qullubbii adii

qamir

leemmana

pîvaz

qullubbii

qarçik

jaarsa marqoo

gewîz

godoo

şihîre

gowwaa

spagêttî

ispaageetii

birinc

ruuza

selete

salaaxaa

çîps

chiipsii

peteteya biraştî

moose affeelamaa

pîza

piizaa

hamburger

hmbargarii

nanok

saanduchii

goştê stûyê berxî

kotaleetii

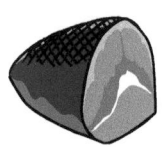

goştê hişkkirî

foon booyyee kan luka
fuuiduraa

salamê

nyaata mi'eessituu fi
sooggiddan sukkummame

sosîs

sausage

mirîşk

lukuu

bijartin

waaddii

masî

qurxummii

şorbe bilûl
bulluqa aajjaa

mûslî
masliis

kertên gilgilan
fandishaa

ard
daakuu

croissant
kiroosantii

semûn
daabboo-

nan
daabboo

tost
dabboo oo'aa

nanik
buskuuta

nivîşk
dhadhaa

mast
itittuu

kulîçe
keekii

hêk
buuphaa

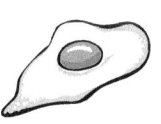

hêka qelandî
buuphaa affeelamaa

penîr
ayibii

xwarin - nyaata   25

dondirme

aays kireemii

şekir

shukkaara

hingiv

damma

mireba

marmaalaataa

xameya nougat

chokkoleetii bittinnaa'aa

kurrî

kuurii

cotgeh
qonna

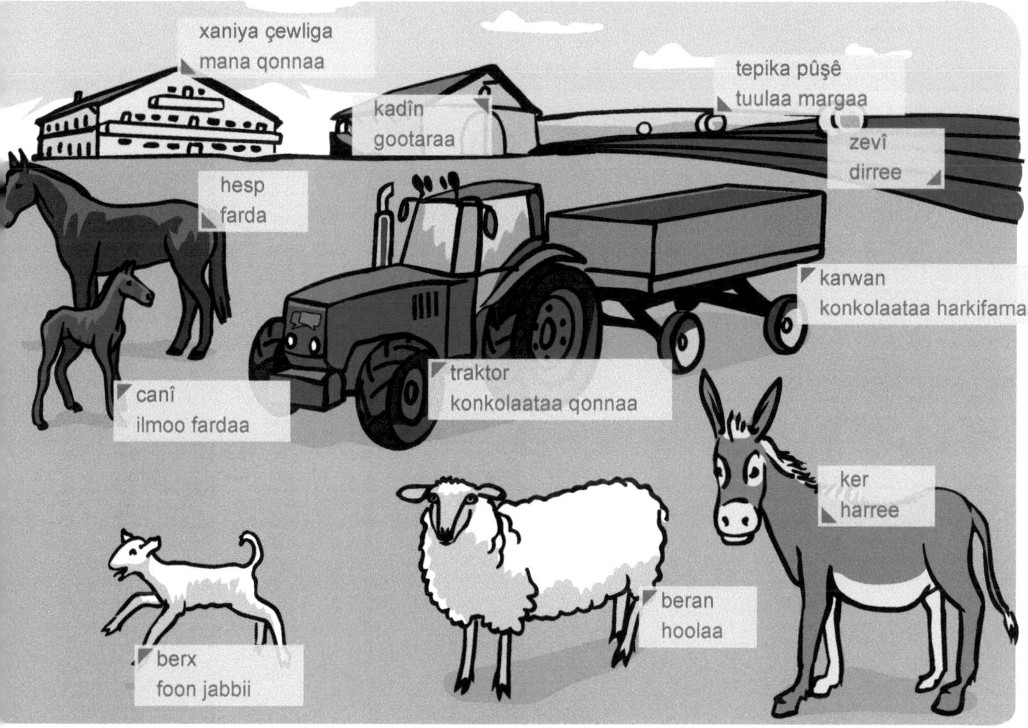

xaniya çewliga
mana qonnaa
kadîn
gootaraa
tepika pûşê
tuulaa margaa
zevî
dirree
hesp
farda
karwan
konkolaataa harkifamaa
canî
ilmoo fardaa
traktor
konkolaataa qonnaa
ker
harree
beran
hoolaa
berx
foon jabbii

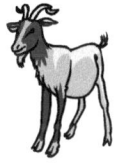

bizin

ra'ee

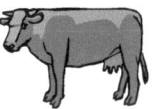

çêlek

sa'a

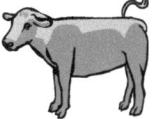

golik

jabbilee

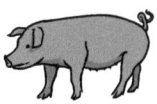

beraz

booyyee

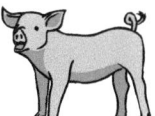

xinzîrk

ilmoo booyyee

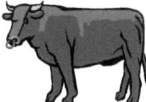

boxe

korma

qaz
ziyyee

miravî
daakkiyyee

cûçik
lukkuu

mirîşk
lukkuu haadhoo

keleşêr
lukkuu kormaa

circ
hantuuta

kitik
adurree

mişk
hantuuta goodaa

ga
qotiyyoo

kûçik
saree

xaniya kûçikê
mana saree

xanî baxê
ujjummoo oddoo

qûtîka avdanê
kan ittin bishaan obaasan

şalûk
haamtuu dheeraa

gasin
qotuu

das
haamtuu

merbêr
gasoo

darsapik
manshii

bivir
qotoo

destgere
gaarii goommaa

qûtî xwarina candaran
suluula

qûtî şîr
meeshaa aannanii

tûr
keeshaa

çeper
dallaa

axur
tasgabbii

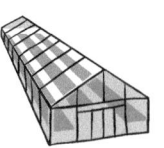

xana kulîlkan
mana biqiltuu

ax
biyyee

dendik
sanyii

peyn
dachee gabbistuu

kombayn
kmbaayinara haamaa

zad
haamuu

zad
haamuu

petete
biqiltuu hundeen isaa
nyaatamu

genim
qamadii

fasolî
sooy

petete
moose

dexl
boqqoolloo

dindik
raappii siidii

darê fêkî
muka fudraa

sêvê bin erdê
kzaavaa

zad
midhaan biilaa

xanî
mana

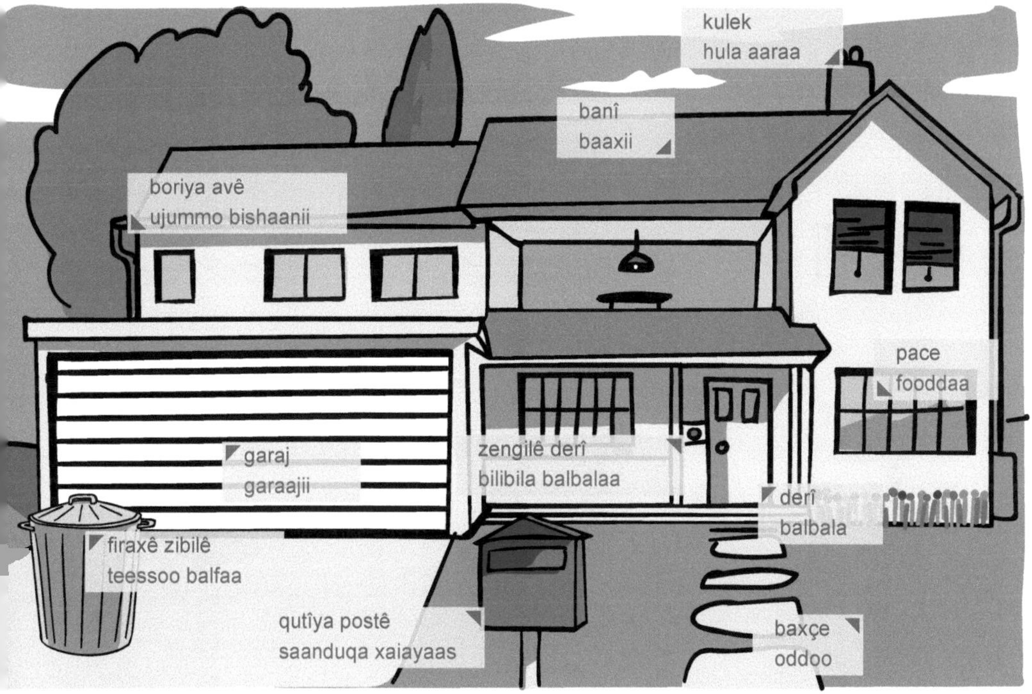
kulek
hula aaraa
banî
baaxii
boriya avê
ujummo bishaanii
pace
fooddaa
garaj
garaajii
zengilê derî
bilibila balbalaa
derî
balbala
firaxê zibilê
teessoo balfaa
qutîya postê
saanduqa xaiayaas
baxçe
oddoo

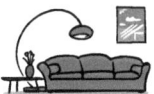

oda rûniştinê

kutaa jireenyaa

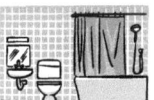

hemam

kutaa dhiqannaa

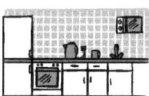

metbex

mana bilcheessaa

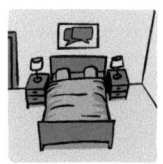

oda xewê

kutaa ciisichaa

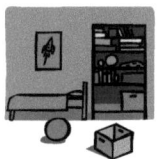

odeya zarok

kutaa ijoollee

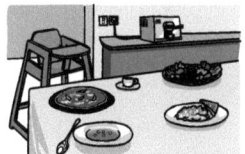

oda şîvê

kutaa nyaataa

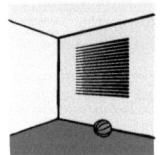

binî
....
lafa

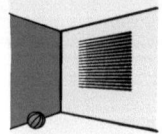

dîwar
....
ededaa

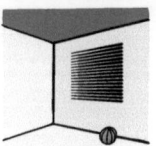

berban
....
baaxii

xenzik
....
seelaarii

sauna
....
saawunaa

balkon
....
baankoonii

berdanik
....
madaba

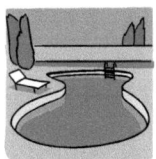

hewza melevanî
....
puulii

çîmen birr
....
konkoolaataa haamaa

melhefe
....
ansoolaa

betanî
....
uffata siree

nivîn
....
siree

gezik
....
hartuu

satil
....
baaldii

kilîl
....
cufuu

oda rûniştinê
kutaa jireenyaa

kaxezê dîwar
wolpeepparii
wêne
fakkii
lampa
foon hoolaa
ref
masalangaa
dolab
kaappi boordiis
telefîsiyon
tlevisziinii
agirdan
midijjaa
kulîlk
abaaboo
serîn
boraatiii
qenepe
soofaa
guldank
tessoo abaaboo
kontrola dûr
too'attuu halaalaa

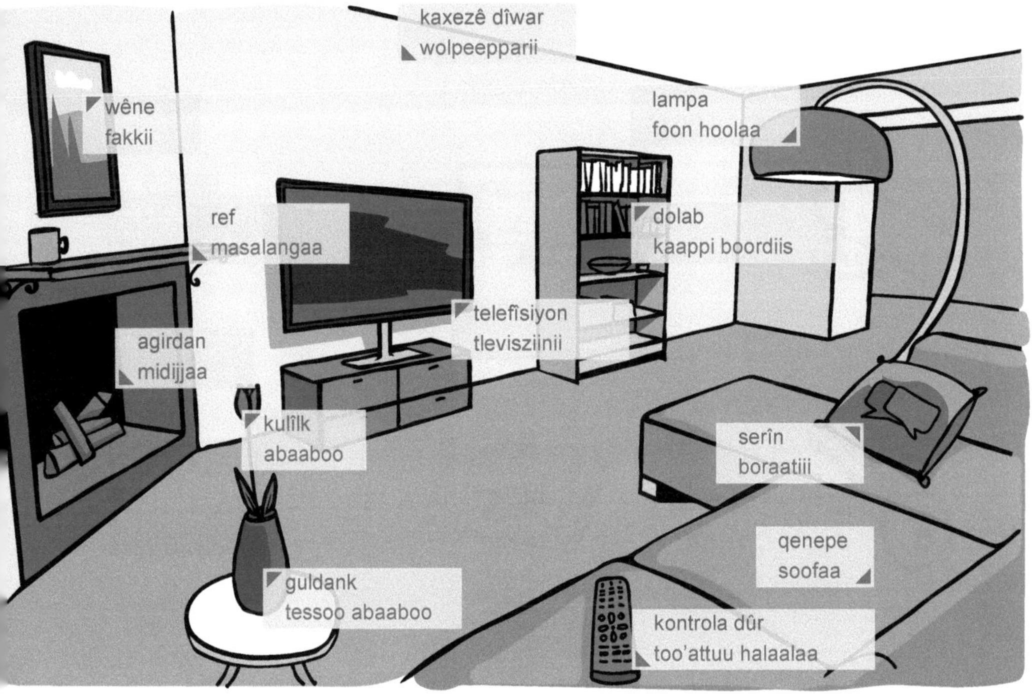

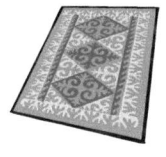

xalîçe
afata

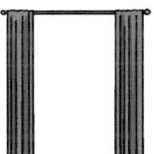

perde
golgaa

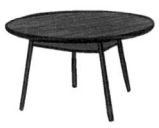

mêz
minjaala

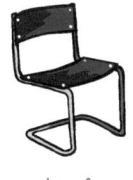

kursî
teessoo

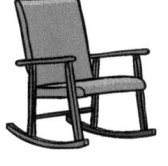

kursiya hejanok
teessoo rarra'aa

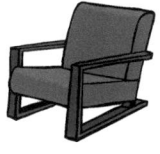

kursî
teesoo ciqilffannaa

pirtûk

kitaaba

betanî

uffata qorraa

xemilandin

midhagina

êzing

muka qoraanii

fîlm

fiilmii

hi-fi

meeshaa

kilîl

furtuu

rojname

gaazexaa

nîgar

dibuu

poster

barjaa

radyo

reedyoonii

defter

daftara yaadanoo

sivnika elektrîkî

meeshaa eeleektirikaa afata qulqulleessu

kaktûs

laaftoo

mom

dungoo

metbex

mana bilcheessaa

sarinc
firiijii
maykroveyv
midijjaa maayikirooweevii
teraziya metbexê
meeshaa bilcheessaa
amûra nan germkirinê
waaddituu
pagijker
saaunaa
sobe
midijjaa
sarker
qabbaneessitu
firaxê zibilê
teessoo balfaa
firaqşok
saafaa

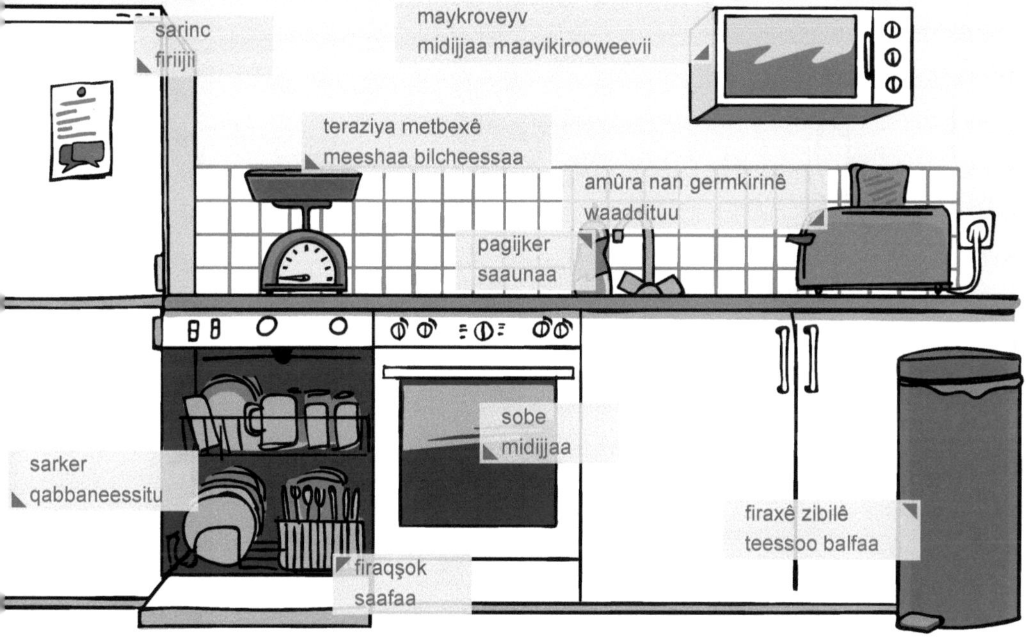

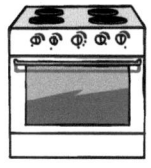

sobe

bilcheesssituu

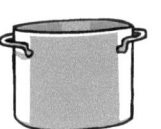

aman

okkotee

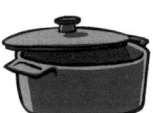

amaê ûtû

cast-iron pot

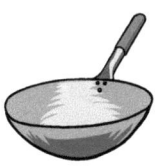

firaqê mezin

sataatee

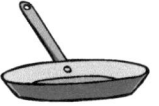

dîzik

waaddituu

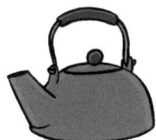

kelînk

markajii

firaqê hilmê

jabala humna urkaa

sênî nanê

tirii bilcheessaa

firaq

bantuu qaruuraa

piyale

geeba

kasik

sayinaa

darê nanxwarin

dibata hidhii

hesk

cilfaa

kevçiya mezin

shuukkaa

rînek

areeda aduurree

kefgîr

dhimbiibduu

bêjing

gingilchaa

rêşker

meeshaa farfartuu

destar

mooyyee

biraştin

waadii abiddaa

agirê vala

midijjaa

texteya birrînê
....
maktafiyaa

darikê tîrê
....
martuu

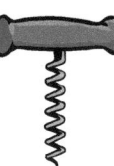

devik badek
....
bantuu qaruuraa

qûtî
....
danda'uu

qûtîvekir
....
banuu danda'uu

cawê amanan
....
teesoo okkotee

destşo
....
lixuu

firçe
....
buruushii

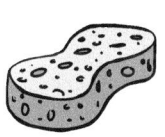

parazoa
....
ispoonjii

tevdêr
....
meeshaa waliin makaa

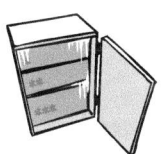

sarkerê cemedî
....
qabbaneessaa guddaa

şûşe bebikan
....
xuuxxoo

henefî
....
ujjuummoo

hemam

kutaa dhiqannaa

germijank
oo'istuu
xawlî
baaldii
dûş
shhworii
perdeya hemamê
golgaa shaaworii
kefê hemam
daakaa bashannanaa
hewza hemam
gabatee dhiqannaa
qedeh
burcuqqoo
cilşok
maashina miiccaas
henefî
ujjuummoo
acûr
billookkeetti
tiwaleta zarokan
waan xiqqoo
destşo
lixuu

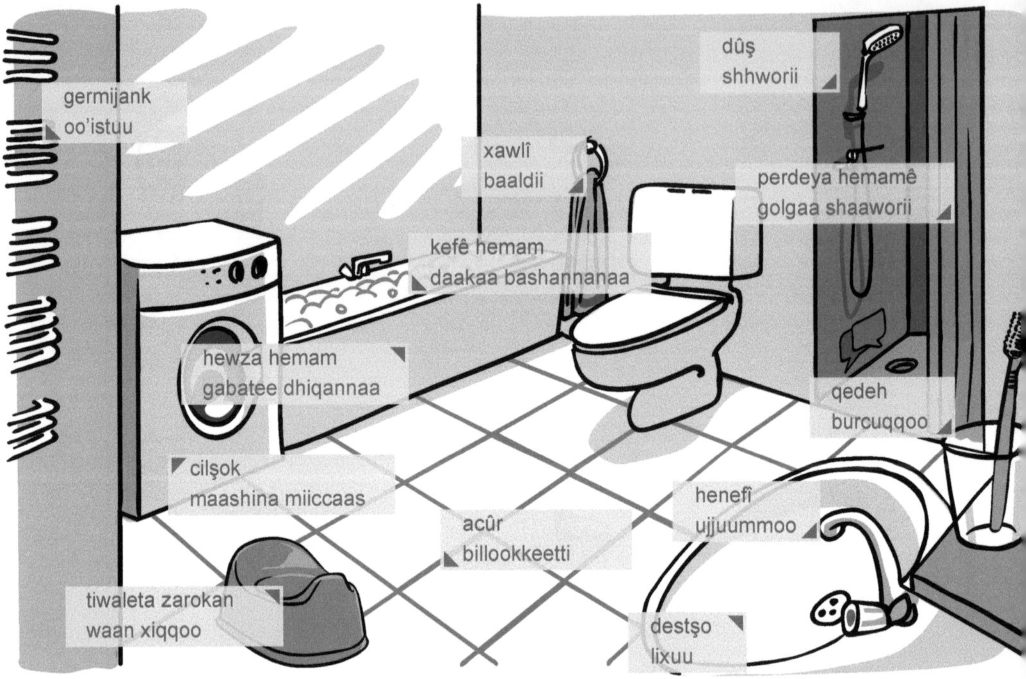

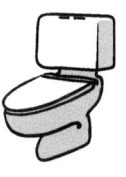

tiwalet

mana fincaanii

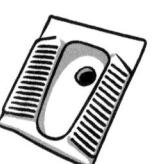

tiwaleta erdê

mana fincaanii taa'e

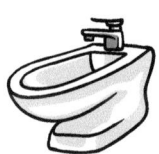

tiwalet

saafaa

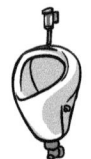

avdestxana mêran

sahiinaa mana fincaanii

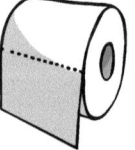

kaxeza tiwalet

sooftii

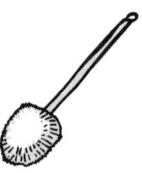

firşeya tiwalet

burusha mana fincaanii

firçeya diran

buruushii ilkaanii

mecûna diran

saamunaa ilkaanii

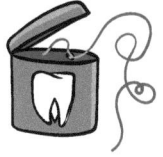

nexa didan

soqxuu ilkaanii

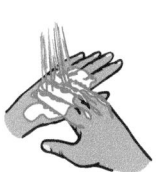

şûştin

dhiquu

dûşê destê

qaama dhiqannaa aadaa

dûş

kan dach

destşo

sulula

firça pişt

mana dhiqataa

sabûn

saamunaa

cêlê hemam

dibata dhiqannaa boodaa

şampo

shaampuu

fanîle

jejuu

zêrab

gogsuu

kirêm

kireemii

bêhn xweşkir

dodoraantii

mirêk

daawitii

mirêka destê

daawitii hrkaa

gûzan

milaacii

kefê teraşînê

dibata areedaas

mecûna piştî teraşînê

diibata areedaa

şeh

filaa

firçe

burusha

por hîşikkir

qoorsituu rifeensaa

sipraya porê

hafuuftuu rifeensaa

kozmetîk

meekaappii

soravk

lippistiikii

rengê nînok

qeessa muculiksituu

pembû

jirbii

meqesta nînok

murtuu qeessa

parfûm

shittoo

40

çewalê hemamê

korojoo dhiqannaa

kursiya bêpişt

gatteechuma

terazî

iskeelii ulfaatinaa

kinca hemamê

uffata dhiqannaa

lepika lastîkê

guwaantii pilaastikaa

tampon

moodesii

xawliya paqijkirinê

fooxaa qulquulinaa

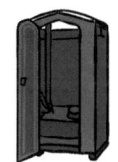

tiwaleta kîmîyewî

keemikaala mana fincaanii

odeya zarok

kutaa ijoollee

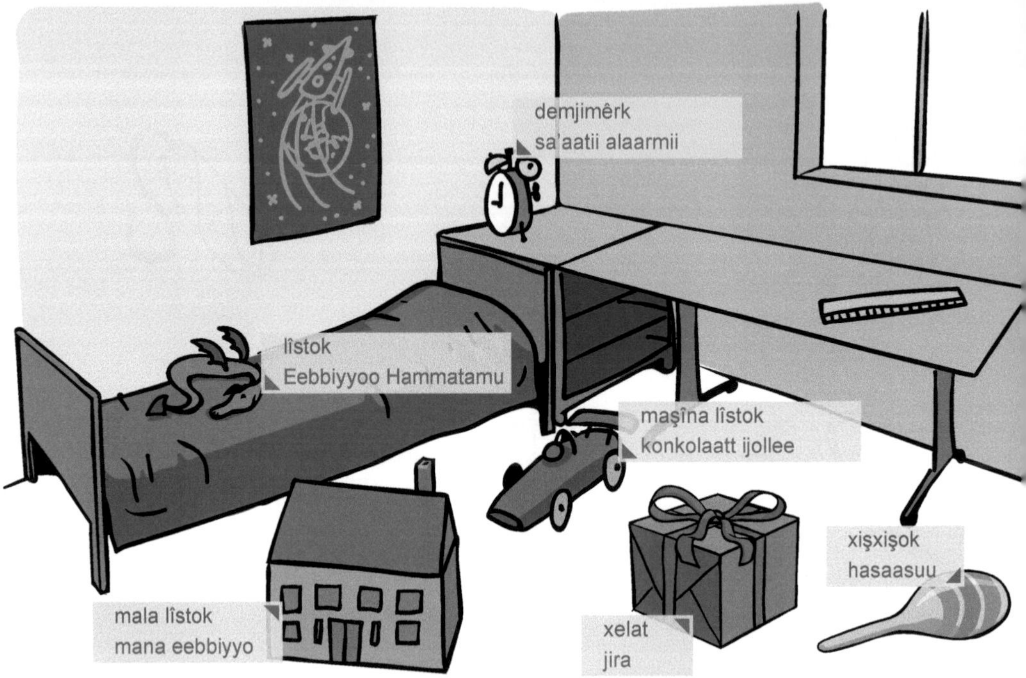
demjimêrk
sa'aatii alaarmii
lîstok
Eebbiyyoo Hammatamu
maşîna lîstok
konkolaatt ijollee
xişxişok
hasaasuu
mala lîstok
mana eebbiyyo
xelat
jira

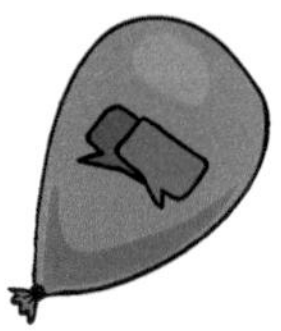

pifdank

baaloonii

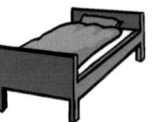

nivîn

siree

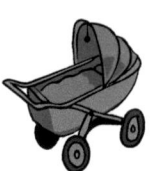

koçk

gaarii daa'imaa

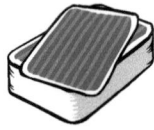

lîstika kartê

Minjaala Kaardii

frîzbî

akaafaa

SUPER
MEGA

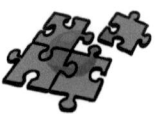

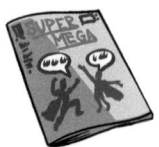

komîk

kofalchiisaa

acûra lêgo

lego bricks

acûra lîstok

dlookii ijaarsaa

bûke şûşe

lakkofsa gochaa

kinca bebikan

guddina daa'imaa

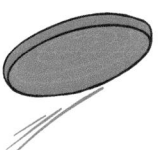

frizbee

saahinaa taphaa

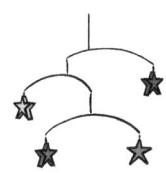

veguhestin

mobaayilii

lîstikên texte

gabatee taphaa

mor

kuubii lakk. 1-6 qabu

modêla trênê

teessuma leenji'aa
modeelaa

memik

fakkii

cejn

afeerrii

kitêba wêne

kitaaba fakii

top

kubbaa

bûke şûşe

eebiyyoo

leyîstin

tapha

kuna xîzê

boolla cirrachaa

colane

hodhuu

lîstokan

eebbiyyoo

lîstika vîdeoyî

konsoli tapha viidyoo

sêçerxe

marsaa sadii

hirça lîstok

eebiyyo hammatamtu

cildank

sanduqaa dhaabbii

kinc

cuufinsa

gore

kaalsii

gore

istookingii

derpêgorê

taayitii

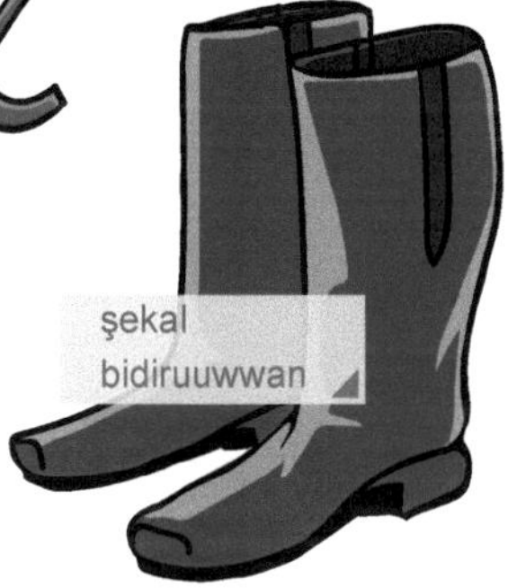

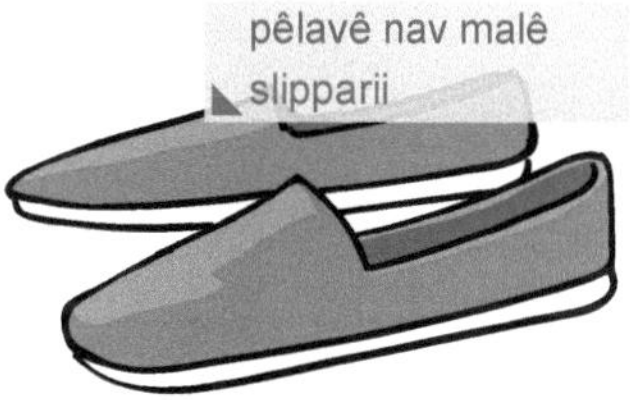

şal
guftaa

çetir
dibaaboo

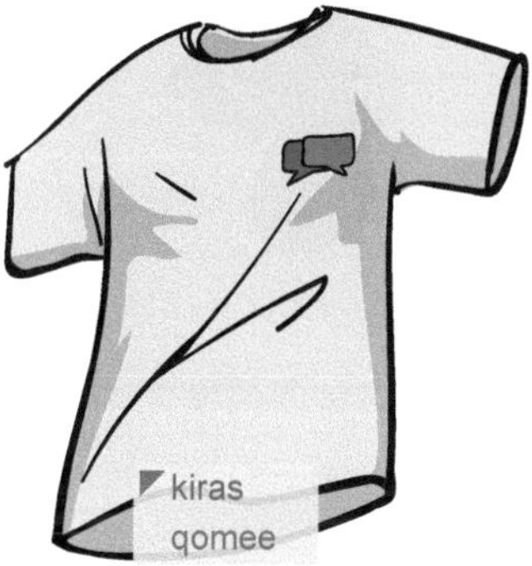

kiras
qomee

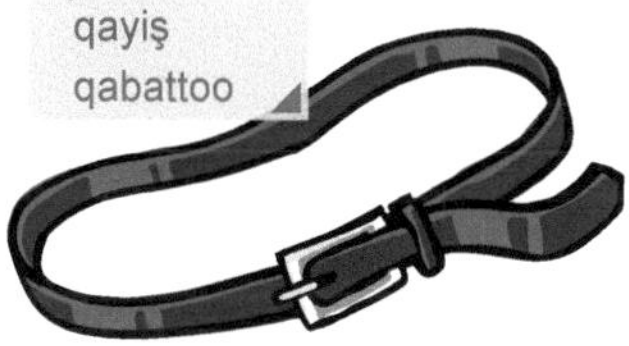

qayiş
qabattoo

şekal
bidiruuwwan

pêlavê nav malê
slipparii

pêlav
leenjitoota

solik
kophee banaa

sol
kophee

potîna çermê
bidiruu pilaastikaa

pantolê jêr
butaantaa

pêsîrbend
harmaa

çekbend
sadariyyaa

kinc - cuufinsa

45

cendek

qaama

pantol

kofoo dheeraa

jeans

jiinsii

daman

dalgee

kiras

shamiza

kiras

shurraaba

fanêle

shurraaba

fanêle

haaguuggii jaakkeettii

cakêt

yuunifoormii

sako

jaakkeettii

çaket

kootii

baranî

kafana roobaa

lebas

barsuma

fîstan

wandaboo

cilê dawetê

kafana gaa'ilaa

kostum

kafana guutuu

pêcame

uffata halkanii

pêcame

bijaamaa

saree

wandaboo hindii

leçik

guftaa

mêzer

marata

hêram

burqaa

kaftan

jalabiyyaa

eba

abaya

kinca ajnêkirin

kafana daakkaa

cilka melevanî

mudhii

şort

kofoo gabaabaa

cila hêvojkarî

kafanafgichaa

pêşmal

appiroonii

lepik

guwwaantii

dûgme

furtuu

berçavik

burcuqqoowwan

bazin

gumee

gerdenî

amartii

gustîl

qubeelaa

guhark

glii

devik

geeba

hilavistek

fanoo kootii

kûm

qoobii

kirawat

karbaata

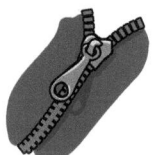

zîp

ziippii

serparêz

heelmeetii

derzî

collee

kinca dibistanê

uffata mana baruumsaa

yûnîform

yuunifoormii

berdilk
kafana gorooraa

memik
fakkii

pundax
naappii

ofîs
waajjira

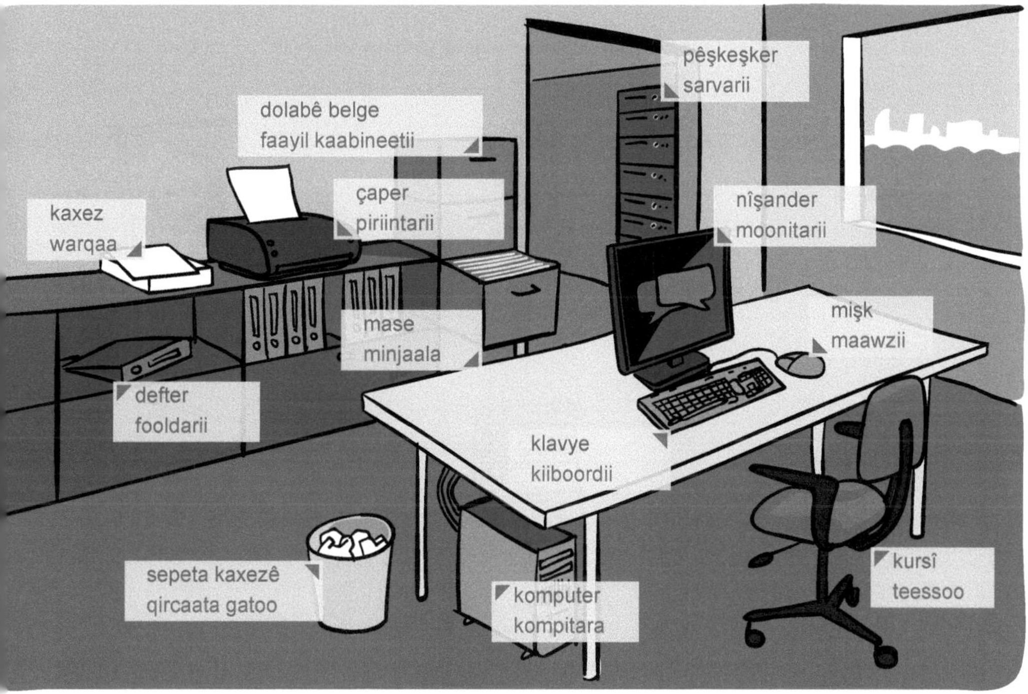

pêşkeşker
sarvarii

dolabê belge
faayil kaabineetii

çaper
piriintarii

kaxez
warqaa

nîşander
moonitarii

mase
minjaala

mişk
maawzii

defter
fooldarii

klavye
kiiboordii

sepeta kaxezê
qircaata gatoo

komputer
kompitara

kursî
teessoo

kasika qehwe
siinii bunaa

hesabker
herregduu

înternet
intarneetii

komputera laptop

lab tooppii

name

xalaya

peyam

ergaa

telefona mobîl

mobbyilii

tor

neetwoorkii

mekîna fotokopî

maashina footokoppii

software

sooft weerii

telefon

bilbila

socketa fişek

sookkeetii suuqii

mekîna faxê

maashina faaksiis

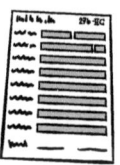

form

uunkaa

belge

dookimantii

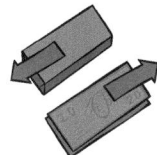

standin
bituu

pere dan
kafaluu

bazirganî
daldaluu

pere
qarshii

dollar
doolaara

yoro
yuroou

yenê Japonê
yen

roblê Rûsî
ruubilii

firankê Swîsê
Farankaa swwiz

yuanê Çînê
yuwaanii reenmiinbii

rûpee Hindî
ruuppee

mekîna jixwebera dirav
kaash pooyintii

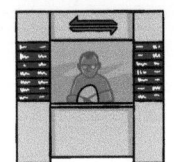

ofîsa pere veguhartinê

biiroo de cheenjee

zêrr

warqee

zîv

meeta

neft

zayita

wize

human

biha

gatii

peyman

koontiraata

tax

taaksii

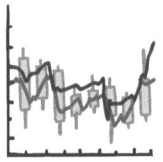

seham

shaqaxa

karkirin

hojjechuu

karker

qacaramaa

karda

qacaraa

fabrîka

faabrikaas

dikan

dukkaana

agirkuj
hojetaa balaa abiddaa

polîs
qondaala foolisii

aşbaz
bilcheessituu

bijîşk
doktora

firokevan
paayileetii

baxçevan

waardiyyaa

necar

ogeessa mukaa

dirûnvan

ooftuu jabalaa

hakim

abbaa seeraa

şîmyazan

keemistii

şanoger

ta'aa

şufêrê basê

konkolaachisaa

şufêrekî taksiyê

konkolaachisaataaksii

masîvan

qurxumii kiyyeessaa

pagijker

qulqulleessituu

çêkirê banî

hojetaa baaxii

berkar

keessummeessaa

nêçirvan

adamisituus

rengrês

halluu dibduu

nanpêj

tolchituu

karebavan

elektrishaana

avaker

ijaaraa

endezyar

injinara

qesab

mana foonii

lûlekar

hjjetaa ujummoo

postevan

poostaa geessituu

esker
raayyaa

mîmar
arkteektii

diravgir
qarshi qabduu

firotkara çîçekan
abaaboo gurgurtuu

porçêker
dabbasaa murtuu

ajovan
kondaaktara

mekanîk
makaanika

keştîvan
kaappiteenii

pizîşka didanan
hakiima ilkee

zanistyar
saayntiistii

rûhan
rabbi

îmam
imaama

keşe
moloskee

keşîş
luba

amûran
meeshaalee

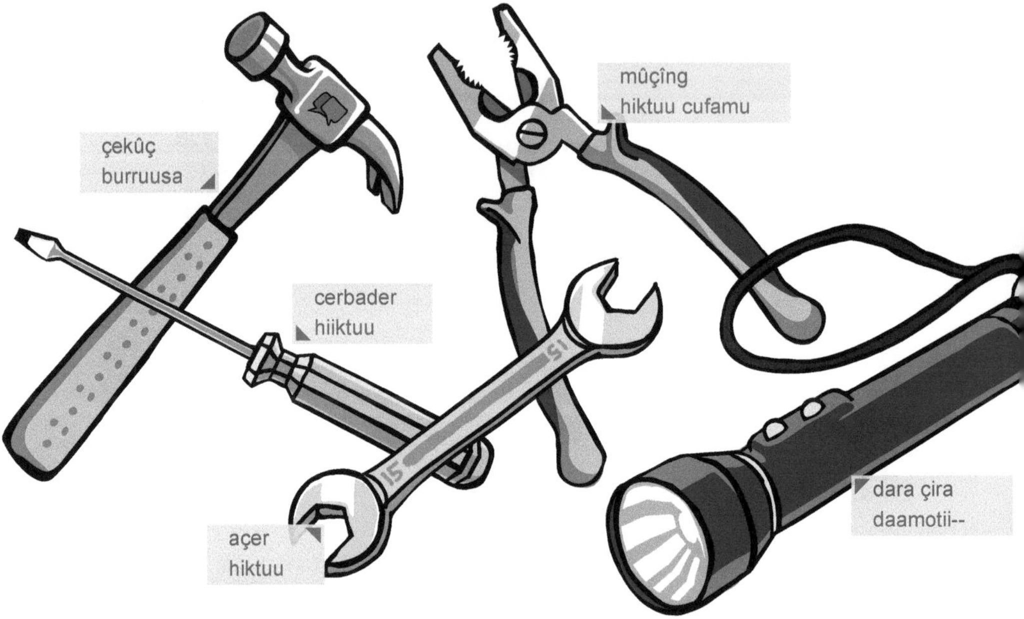

çekûç
burruusa
mûçîng
hiktuu cufamu
cerbader
hiiktuu
açer
hiktuu
dara çira
daamotii--

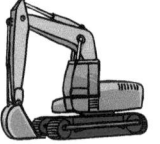

şofel

gasoo

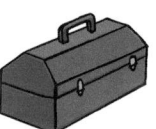

qûtiya amûran

saanduqa meeshhalee

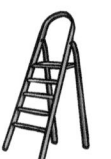

peyje

kortoo

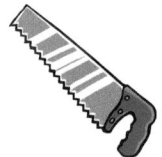

mişar

magaazii

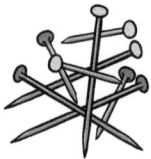

mîx

bismaara

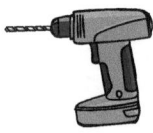

qulkirin

diriilii

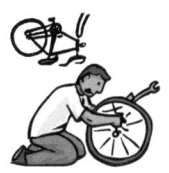

çêkirin

suphuu

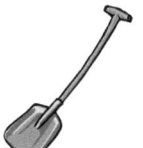

merbêr

akaafaa

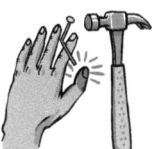

nalet!

dhaabi

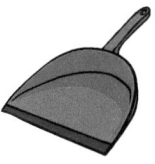

bêl

gataa balfaa

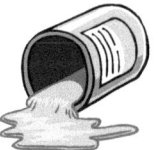

qûtiya rengê

qodaa haalluu

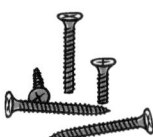

cerr

hiktuu

amûrên mûzîkê
meeshaalee muuziqaa

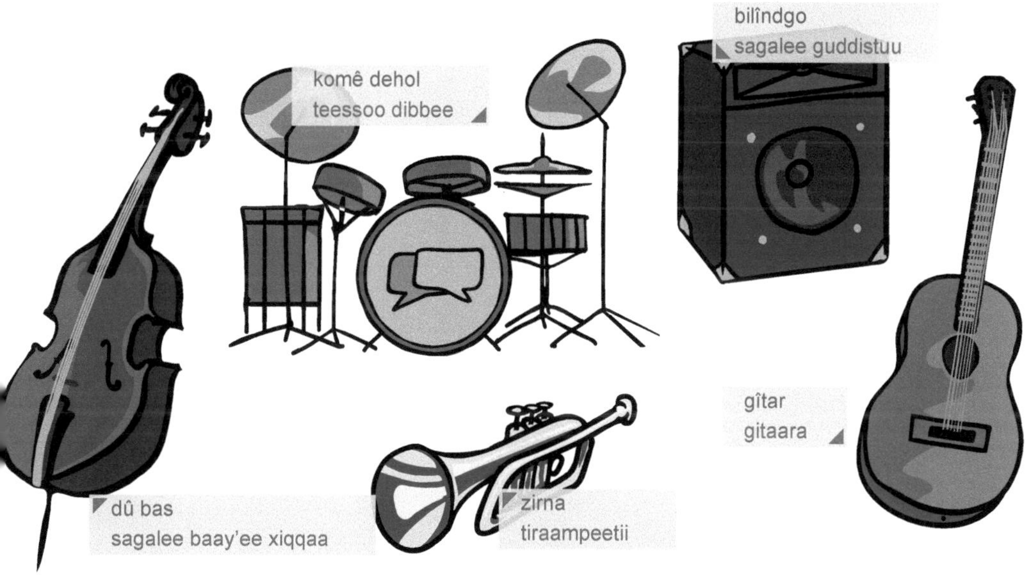
bilîndgo
sagalee guddistuu
komê dehol
teessoo dibbee
gîtar
gitaara
dû bas
sagalee baay'ee xiqqaa
zirna
tiraampeetii

piyano
piyaanoo

viyolîn
vaayoolinii

bas
sagalee xiqqaa

dehol
timpaanii

dahol
dibbee

keyboard
kiiboordii

saksofon
saaksi foona

bilûr
ulullee

mîkrofon
may craafoona

baxça heywanan
dallaa beeladaa

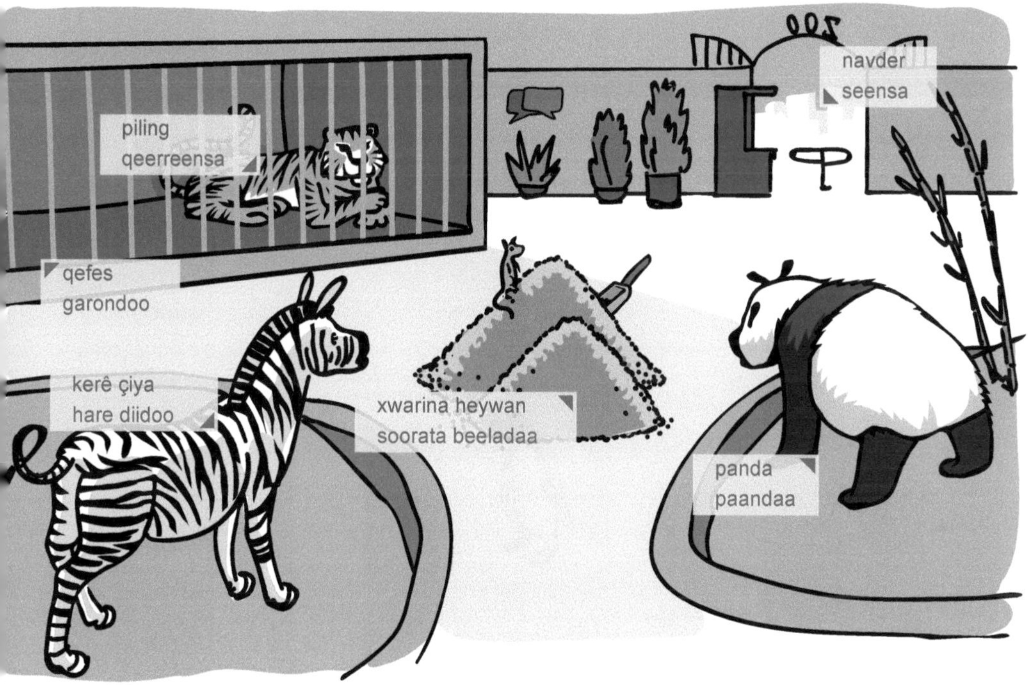

navder
seensa
piling
qeerreensa
qefes
garondoo
kerê çiya
hare diidoo
xwarina heywan
soorata beeladaa
panda
paandaa

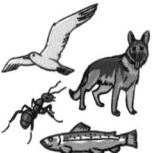

heywan

beeladoota

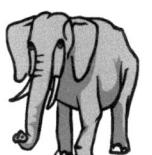

fîl

arba

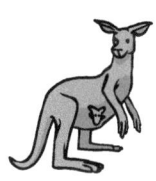

kangarû

kaangaaroo

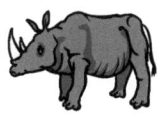

kerkeden

warseesa

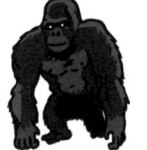

gorîl

jaldeessa guddaa

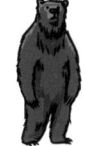

hirç

godaa

hêştir

gala

hêştirme

guchii

şêr

leenca

meymûn

jaldeessa

flamîngo

fiilaamingoo

papaxan

simbira dubbattu

hirça cemserî

diibii poolarii

penguîn

peengyuunii

semasî

shaarkii

tawûs

piikookii

mar

bofa

timsah

qocaa

parêzera baxça ajalan

eegaa zoo

seya derya

chaappaa

piling

sanyii qeerensaa

hesp

farda gabaabduu

piling

sanyii qeerrensaa

hespê rûbar

roobii

canhêştir

sattaawwaa

helo

culullee

berazê kovî

ifaannaa

masî

qurxummii

kûsî

qocaa galaanaa

walras

beelada bishaan keessaa

rovî

sardiida

xezal

godaa

fûtbolê Amerîka
kubbaa miilaa ameerikaa

bisiklêtan
dargmmii bishkilileettaa

tenîs
teenisa

baskêtbol
kubba kaachoo

avjenîkirin
bishaan daakkaa

boxing
aboottoo

hokeya ser cemedê
sigigoo cabbie

fûtbol
kubbaa miilaa

badminton
baadmentanii

yê atletîzmê
atileetii

hendbol
kubba harkaa

befirajotin
skiing

polo
pooloo

çalakiyan
sochii

kenîn
kolfa
hilpeke
utaalcha
hembêz
hammachuu
birêveçûn
deemuu
lawje gutin
sirbuu
xewn dîtin
abjuu
nimêj kirin
kadhannaa
maçkirin
dhungoo

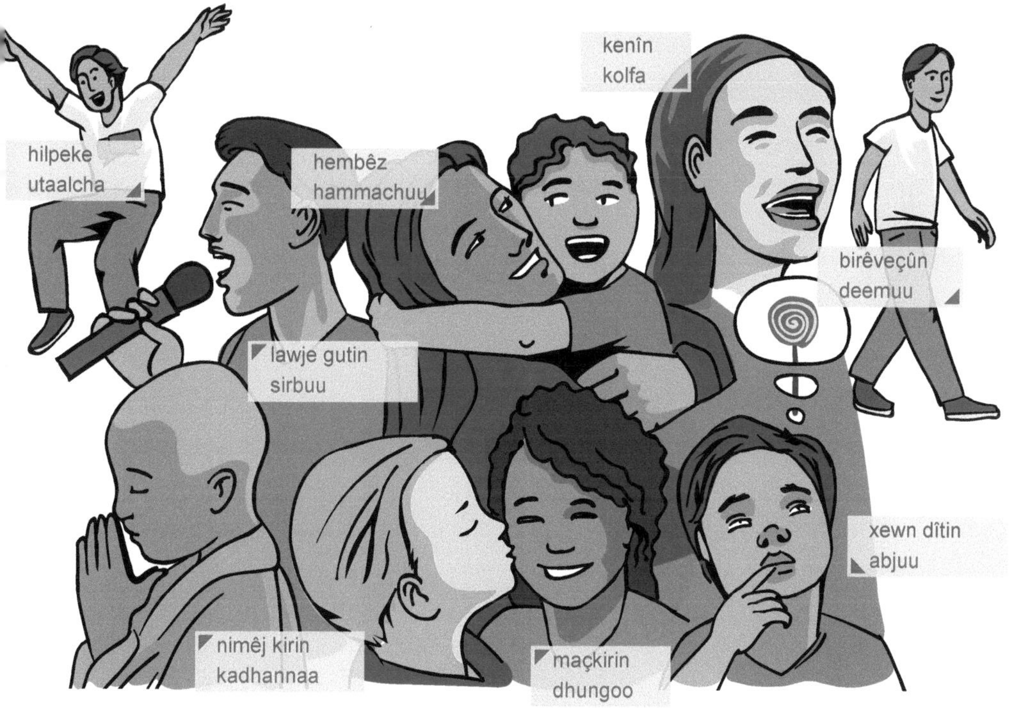

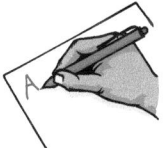

nivîsandin
barreessuu

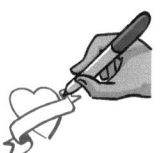

nîgar kêşan
fakkii kaasuu

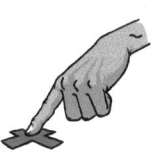

nîşan dan
agrsiisuu

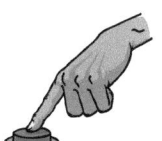

paldan
dhiibuu

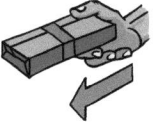

dayîn
kennuu

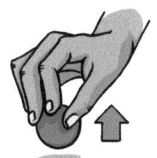

rakirin
fudhachuu

heyîn

qabaachuu

kirin

gochuu

bûn

ta'uu

sekinîn

dhaabbachuu

bazdan

kaachuu

kişandin

harkisuu

avêtin

darbachuu

ketin

kufuu

derew kirin

soba

sekinîn

eeguu

guhêztin

baachuus

rûniştin

taa'uu

cil berkirin

uffachuu

razan

rafuu

rabûn

dammaquu

mêze kirin

ilaaluu

girîn

iyyuu

celte

dhiibbaa dhiigaa

şe kirin

filuu

peyvîn

haasa'uu

famkirin

hubachuu

pirskirin

gaafachuu

bihîstin

dhggeeffachuu

vexwarin

dhuguu

xwarin

nyaachuu

kom kirin

ol kaasuu

hezkirin

jaalala

xwarin çêkirin

bilcheessuus

ajotin

oofuu

firrîn

barrisuu

çalakiyan - sochii

kesştîvanî

jabalan

hesibandin

heerregii

xwandin

dubbisuu

hînbûn

baruumsa

karkirin

hojjechuu

zewicîn

fuudha

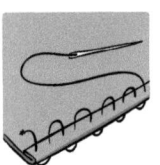

dirûtin

hodhuu

didan şûtin

ilkaan rigachuu

kuştin

ajjeecha

dûxan

xuuxuu

şandin

erguu

malbat
warra

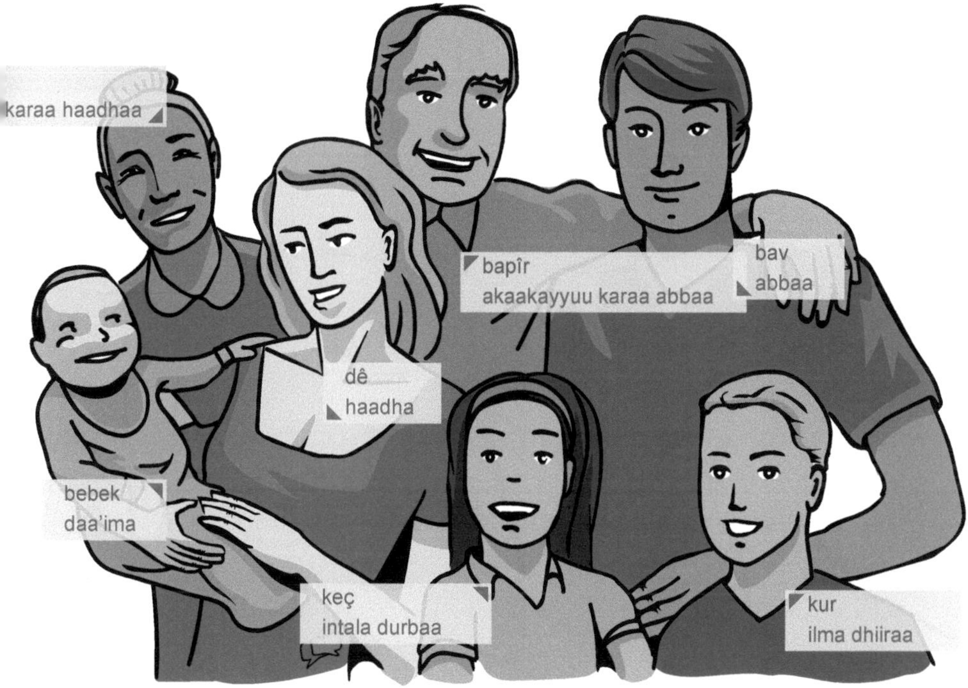
karaa haadhaa
bapîr
akaakayyuu karaa abbaa
bav
abbaa
dê
haadha
bebek
daa'ima
keç
intala durbaa
kur
ilma dhiiraa

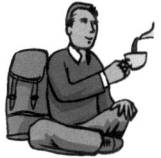

mêvan
keessummaas

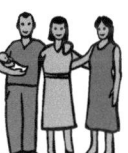

met
adaadaa

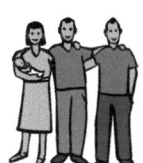

ap/xal
eessuma

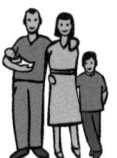

bira
obboleessa

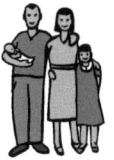

xwişl
obboleettii

beden

qaama

enî
adda
çav
ija
mil
ceekuu
tilî
quba
rû
fuula
zenî
igicii
dest
harka
ling
luka
sîng
harma
pîl
irree

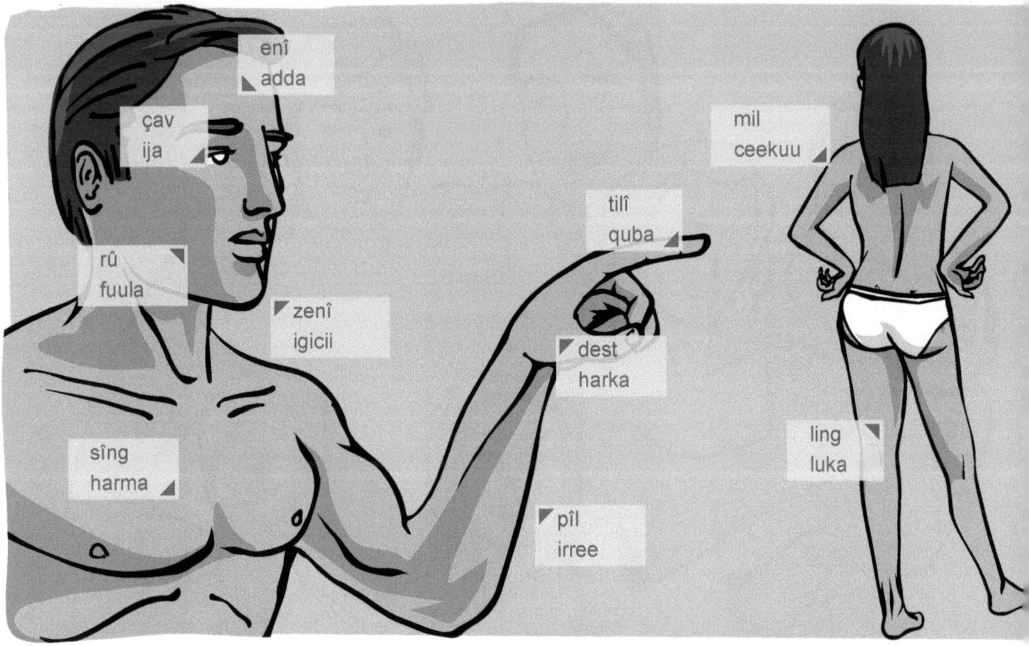

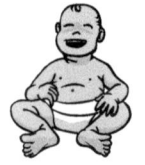

bebek

daa’ima

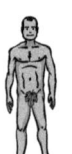

mêr

nama

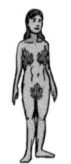

jin

dubartii

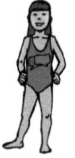

keç

durba

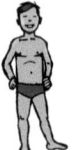

kor

mucaa

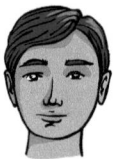

ser

mataa

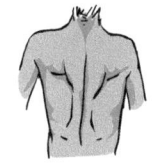

pişt

duuba

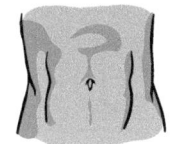

zik

godhami

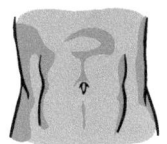

navik

belly button

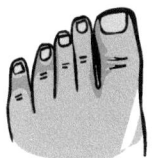

tilîya pê

qubq miilaa

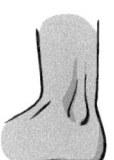

panî

koomee

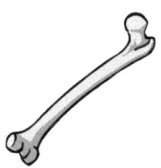

hestî

lafee

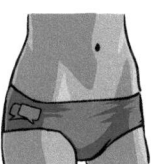

kûlîmek

dirra

jûnî

jilba

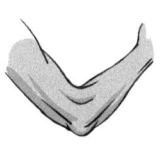

enîşk

ciqilee

difn

fuunyaan

qûn

jala

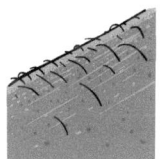

çerm

gogaa

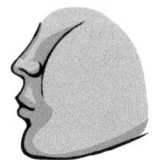

rû

boqoo

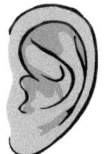

gûh

gurra

lêv

hidhii

dev
afaan

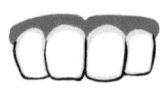

diran
ilkee

ziman
arraba

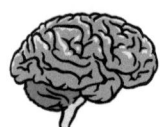

mêjî
sammuu

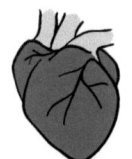

dil
onnee

masûl
fon irree

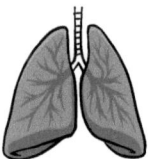

cîgera spî
somba

ceger
tiruu

made
garaacha

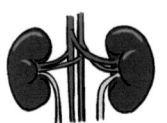

gûrçikan
kaleewwan

cotbûn
wal qunnamitii saalaa

kondom
kondomii

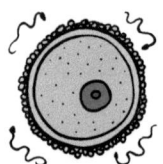

hêk
buphaa dubartii

tov
mi'oo

dûcanî
ulfa

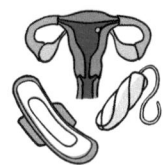

ade

laguu ji'aa

qûz

buqushaa

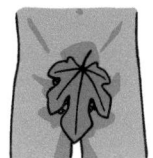

kîr

tuffee

birû

laboobbaa ijaa

por

rifeensa

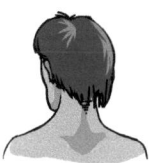

hûstû

morma

nexweşxane
hospitaala

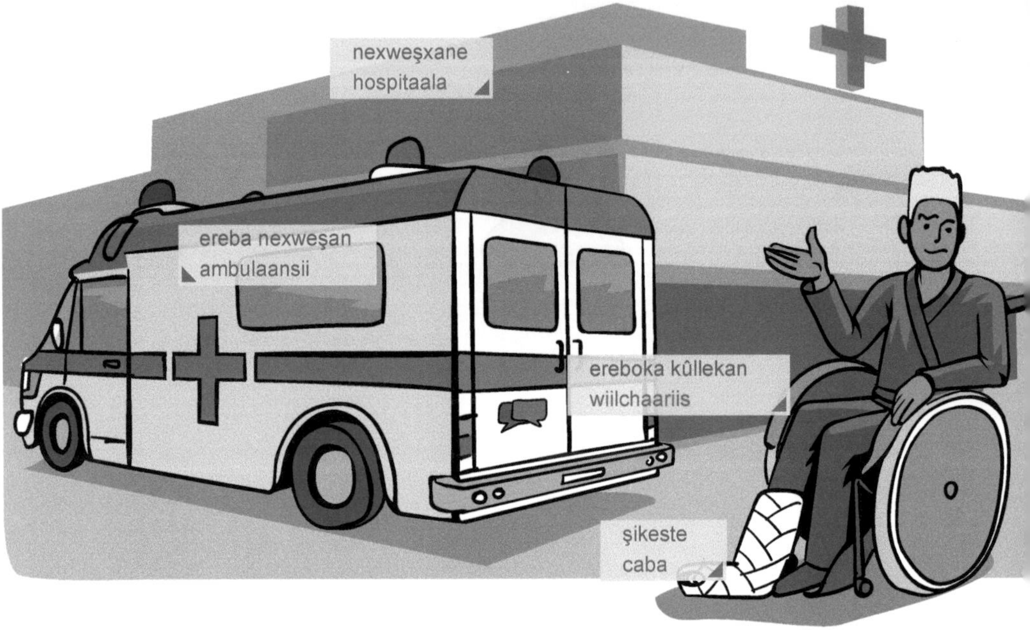

nexweşxane
hospitaala
ereba nexweşan
ambulaansii
ereboka kûllekan
wiilchaariis
şikeste
caba

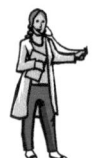

bijîşk

doktora

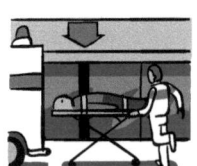

oda lezgînê

kutaa hatattamaa

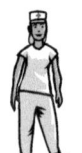

nexweşyar

narsii

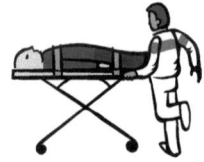

acîlîyet

hatattama

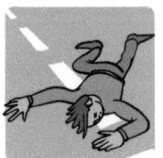

bêhay

kan hin dammaqin

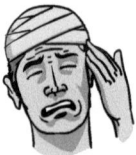

êş

dhukkubbii

birîn

miidhhaa

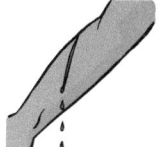

xwînpijan

dhiiguu

hêrişa dilî

dhukkuba onnee

celte

baay'ina dhiigaa

alerjî

hooqxoo

kuxik

qufaa

ta

oo'aa qaamaa

zikam

qufaa

navçûyin

baasaa

serêş

bowoo mataa

qansêr

kaansarii

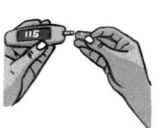

nexweşiya şekirê

dhibee sukkaaraa

emelîkar

baqaqsanii hodhuu

skalpêl

halbee

emelî

hojii

CT

CT

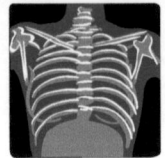

sûretê rontgên

raajii

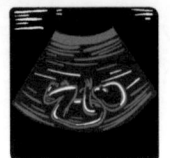

ûltrasawnd

aaltraasaawandii

maskê rûyê

haguuggii fuuiaa

nexweşî

dhukkuba

oda sekinînê

kutaa haar galfii

goçan

hirkannaa

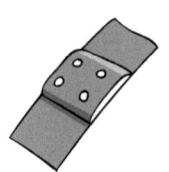

şêl

pilaastara

paçê birînpêçanê

baandeejii

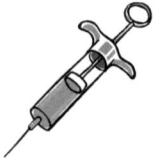

derzî

limmoo waraanuu

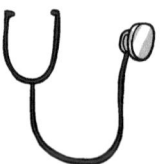

bîstoka pizîşkî

isteetskooppi

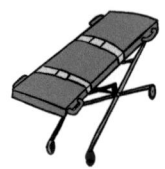

darbest

siree dhukkubsataa

têhnpîva klînîkê

termoo meetira klinikaa

zayîn

dhaloota

qelew

ulfaatinaa ol

alîkariya bihîstinê

gargaaraa dhageettii

bakterîkuj

qoricha aramaa

kotîbûn

miidhama keessaa

vîrûs

vaayirasa

HIV / AIDS

ECH AAIVII / EEDSII

derman

qoricha

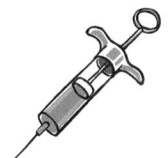

kutan

talaallii

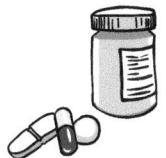

heban

kiniinii

heb

kiniinii

lezgîn

waamicha hatattamaa

dîmenderê pesto xwîn

too'attuu dhiibbaa dhiigaa

nexweş / sax

dhukkuba / fayyaa

Hewar!

gargaarsa!

alarm

alaarmiis

êrîş

weerara

êrîşkirin

miidhuu

talûk

suukaneessaa

derketina acil

baha hatattamaa

agir!

abidda

agir vemirandinê

abidda dhaamisituu

qeza

balaa

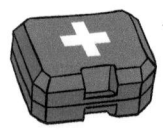

aletên alîkariya yekem

saanduqa gargaasa calqabaa

SOS

Sii'oosii

polîs

foolisii

Ewropa

awurooppaa

Amerîkaya Bakûr

ameerikaa kabaa

Amerîkaya Başûr

ameerikaa kibbaa

Afrîka

afrikaa

Asya

eesiyaa

Awustralya

awustraaliyaa

Atlantîk

atilaantik

Okyanûsa Mezin

paasfiik

Okyanûsa Hindî

galaana hindii

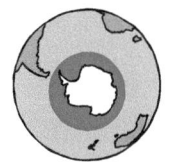

Okyanûsa Antarktîka

galaana antaartikaa

Okyanûsa Arktîk

galaana arkitiik

Cemsera Bakûr

polii kaabaa

Cemsera Başûr
....
polii kibbaa

Antarktîka
....
antaartikaa

erd
....
dachee

ax
....
dachee

behir
....
garba

dûrge
....
odola

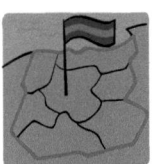

milllet
....
lammii

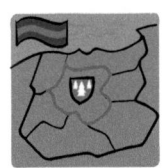

welat
....
kutt biyyaa

rûyê saet

clock face

nişanderka demjimêr

sa'aatii kana

nişanderka deqe

daqiiqaa kana

nişanderka saniye

moofaa

Seet çende?

yeroon meeqa ta'ee?

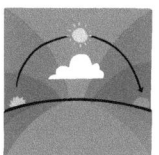

roj

guyyaa

dem

yeroo

niha

amma

saetê dicîtal

sa'aatii diiskoo

deqe

daqiiqaa

seet

sa'aatii

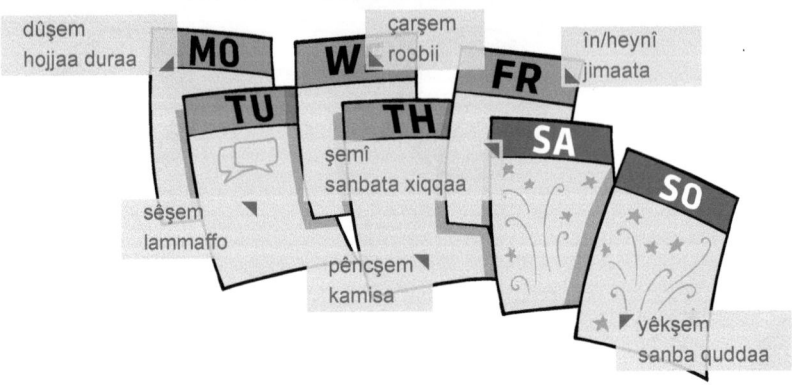

dûşem
hojjaa duraa

çarşem
roobii

în/heynî
jimaata

şemî
sanbata xiqqaa

sêşem
lammaffo

pêncşem
kamisa

yêkşem
sanba quddaa

duh
kaleessa

îro
har'a

sibey
boru

sibe
ganama

nîvro
guyyaa qixxee

êvar
galgala

MO	TU	WE	TH	FR	SA	SU
1	2	3	4	5	6	7
8	9	10	11	12	13	14
15	16	17	18	19	20	21
22	23	24	25	26	27	28
29	30	31	1	2	3	4

rojên karê
guyyaa hojii

MO	TU	WE	TH	FR	SA	SU
1	2	3	4	5	6	7
8	9	10	11	12	13	14
15	16	17	18	19	20	21
22	23	24	25	26	27	28
29	30	31	1	2	3	4

dawiya hefte
dhuma forbee

sal
waggaa

baran
rooba
keskesor
sabbata waaqqaa
befir
cabbii
ba
bubbee
bihar
birraa
payîz
arfaasaa
havîn
bona
zivistan
ganna

4.APRIL 11°
5.APRIL 4°
6.APRIL 13°
7.APRIL 8°
8.APRIL 10°

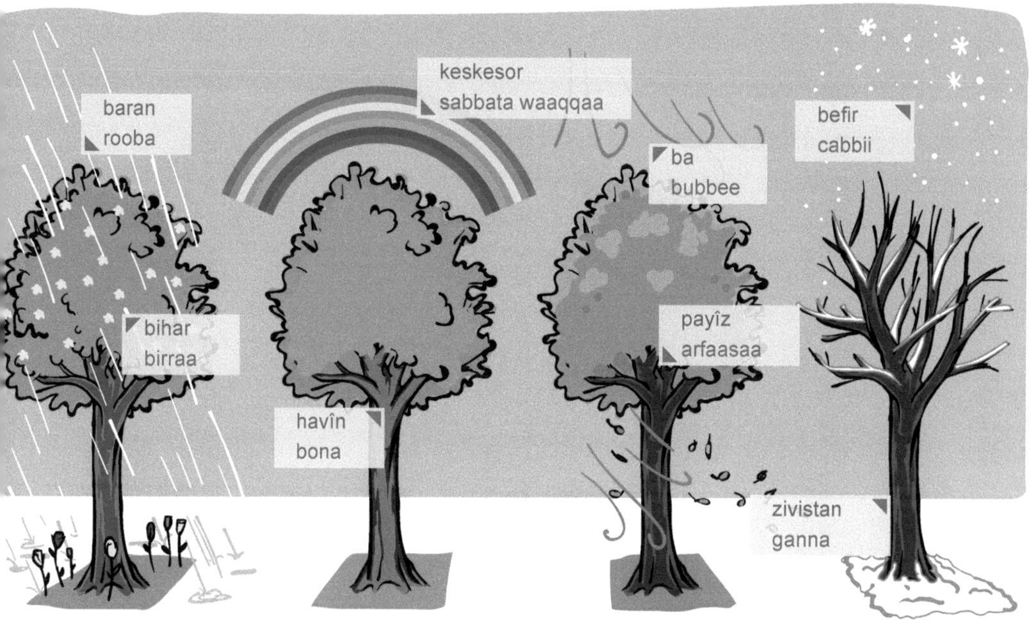

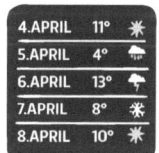

pêşbîniya hewa
raaga haala qileensaa

F C
120 40
90 30
60 20
30 10
0 0
-30 -10
-20

tehnpîv
teermoomeetirii

tav
baha aduu

hewr
duumessa

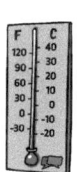

mij
hurii

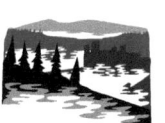

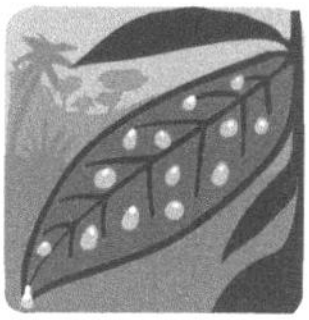

hêmî
jiidha

birq
bakakkaa

brûsk
balaqqee

tofan
dirrisa

terg
cabbii

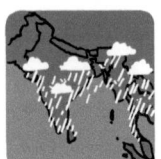

mansûn
monsoon

lehî
lolaa

cemed
cabbie

rêbendan
Amajjii

reşeme
Gurraandhala

newroz
Bitootessa

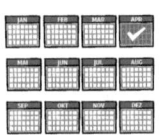

gulan
Eebila

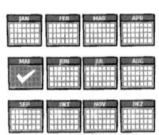

cozerdan
Caamsaa

pûşper
Waxabajji

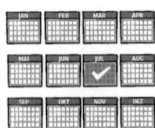

gelawêj
Adooleessa

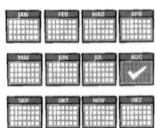

xermanan
Hagayya

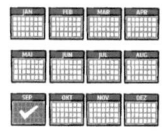

rezber
....
Fulbaana

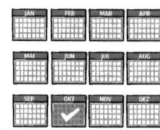

kewçêr
....
Onkololeessa

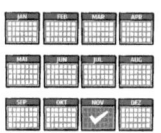

sermawez
....
Sadaasa

befranbar
....
Muddee

şêwe
boca

çember
....
geengoo

çarçik
....
isqeerii

çarqozî
....
rog arfee

sêqozî
....
rg sadee

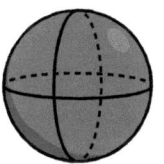

qada
....
molaalee

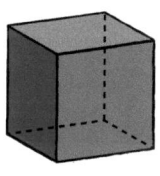

xiştek
....
kuubii

sipî

adii

zer

boora

pirteqalî

keelloo

pembe

boorilee

sor

diimaa

mor

bunnii

şîn

cuqliisa

kesik

magariisa

qehweyî

magaala

gewr

bulee

reş

gurraacha

zor / kêm
baay'ee / xiqqoo

bi hêrs / bêdeng
aara / gammachuu

bedew / nerind
bareeda / fokkuu

destpêk / dawî
calqaba / xumuura

mezin / biçûk
guddaa / xiqqaa

ronî / tarî
ifa / dukkana

brak / xwişk
obboleessa / obboleettii

pagij / girêj
qulqulluu / xurii

tevî / netemam
xumuuramaa / kan hin xumuuramin

roj / şev
guyyaa / halkan

mirî / zindî
du'aa / jiraa

fire / teng
bal'aa / dhiphaa

xweş / nexweş

kan nyaatamu / kan hin nyaatamne

nebaş / baş

badd / gaarii

bi heyecan / aciz

gammachuu / ifannaa

qelew / zirav

furdaa / qal'aa

yekemîn / dawîn

calqaba / dhuma

heval / dijmin

michuu / diina

tijî / vala

guutuu / duwwaa

req / nerm

sakoruu / lalllaafaa

giran / sivik

ulfaataa / salphaa

birçî / tînî

beeluu / dheebuu

nexweş / sax

dhukkuba / fayyaa

neqanûnî / qanûnî

seer malee / seera qabeessa

rewşenbîr / balûle

gaanfuree / dabeessa

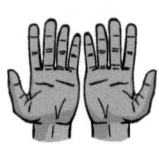

çep / rast

bitaa / mirga

nêzî / dûr

maddii / fagoo

nû / bikarhatî

haara'a / moofaa

hîç / tiştek

homma / waan tokko

kal / ciwan

jaarsa / dargaggeessa

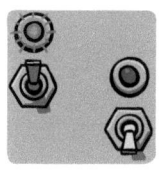

li / ji

ibsuu / dhaamsuu

vekirî / girtî

banuu / cufuu

aram / dengbilind

callisuu / sagalee olkaasuu

dewlemend / reben

sooressa / hiyyeessa

rast / şaş

sirrii / dogongora

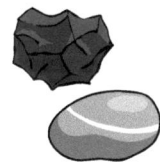

dirr / hilû

sokorruu / lallaafaa

xemgîn / şa

aara / gammachuu

kurt / dirêj

dheeraa / gabaabaa

hêdî / zû

qususaa / collee

şil / ziwa

jiidhaa / goggogaa

germ / hênik

oo'aa / qorraa

şerr / aşitî

lola / nagaa

0

sifir

duwwaa

1

yek

tokko

2

dû

lama

3

sê

sadis

4

çar

afur

5

pênc

shan

6

şeş

jaha

7

heft

torba

8

heşt

saddeet

9

neh

sagal

10

deh

kudhan

11

yazde

kudha tokko

12
dazde

kudha lama

13
sêzde

kudha sadi

14
çarde

kudha afur

15
pazde

kudha shan

16
şazde

kudha jaha

17
hefde

kudha torba

18
hejde

kudha saddeet

19
nozdeh

kudha sagal

20
bîst

diigdama

100
sed

dhibba

1.000
hezar

kuma

1.000.000
milyon

maliyoona

Inglîzî

Ingiliffa

Inglîziya Amerîkî

Ingiliffa Ameerikaa

Çînî Mandarîn

Mandarinii chaayinaa

Hindî

Afaan Hindii

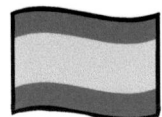

Îspanyolî

Afaan Speen

Frensî

Afaan Faransaay

Erebî

Afaan Arabaa

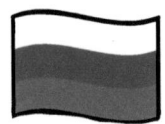

Rûsî

Afaan Raashaa

Portugalî

Afaan Poortugaal

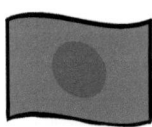

Bengalî

Afaan Beengaal

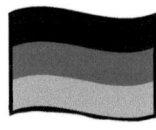

Elmanî

Afaan Jarman

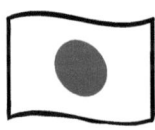

Japonî

Afaan Jaappaan

min
....
ana

tu
....
si

♂ ♀ ○

ew / ev / ew
....
isa / ishii / isa / wantootaf

em
....
nu'ii

tu
....
isin

ew
....
isan

kî?
....
eenyuu?

çi?
....
maal?

çawa?
....
akkamitti

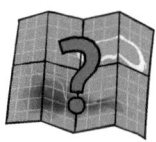

kû?
....
eessa?

kengî?
....
hoom?

HELLO, I AM
....

nav
....
maqaa

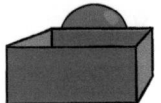

piştî
duuba

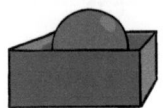

li
keessa

pêşî
fuldura

ser
irra

ser
gubbaa

bin
jala

kêlek
maddii

navber
gidduu

cih
bakkee